使えるフレーズが
どんどん頭に入る！

シミュレーション英会話

How's it going?
最近どう？

Couldn't be better!
絶好調よ！

有子山博美
Ujiyama Hiromi

デルタプラス

はじめに

　英会話の本は数多くありますが、会話例が中心の「ダイアログ本」と、シチュエーション別、または構文別にたくさんのセンテンスが載っている「フレーズ集」に大別されると思います。

　私自身は、はじめはストーリー性のある「ダイアログ本」に惹かれ、会話を丸ごと暗記していました。が、次第に「実際の会話はこの通りに進まないんだよなぁ…」と感じるようになり、断念。

　ではフレーズ集はどうかというと、フレーズの引き出しを増やすのには大いに役立ったのですが、実際には使いそうもないフレーズも多かったり、会話の潤滑油になる「あいづち」（いったん相手の言葉を受け止める言葉）が不足していたりして、味気なく感じてしまいました。

　本書は「ダイアログ本」と「フレーズ集」の"いいとこ取り"です。

　まずはダイアログでイメージを膨らませながら、「会話の流れ」をつかんでみてください。会話の展開が2パターンずつあるのは、みなさんが「私ならこう言う」というイメージを膨らませやすくなると考えたためです。

　「解説」「実践トレーニング」では、会話中に登場したフレーズの単語を入れ替え、さらにバリエーションを増やしました。

　「私なら……」と"シミュレーション"しつつ、ぜひ「あなたにとっての使えるフレーズ」をストックしてください。みなさんに本書のフレーズを1つでも多く使っていただけたら、これほど嬉しいことはありません。

著者

この本の使い方

本書の各シチュエーションは「ダイアログページ」「解説ページ」「実践トレーニングページ」で構成されています。ダイアログページで会話の文脈をつかみ、解説ページで表現のバリエーションを学び、実践トレーニングページでフレーズを定着させる、という流れで取り組んでみてください。

ダイアログ

2人の登場人物が会話を進めていきます。2パターンの会話の流れを掲載しているので、様々な展開において応用の利くフレーズを学ぶことができます。

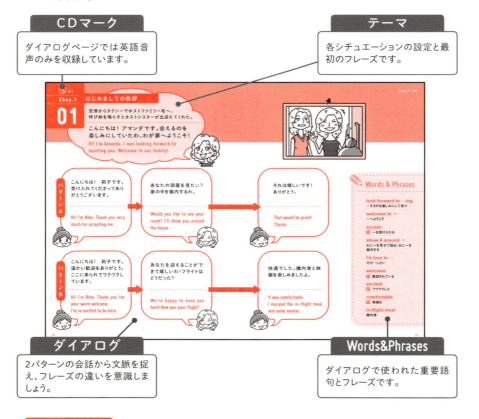

CDマーク
ダイアログページでは英語音声のみを収録しています。

テーマ
各シチュエーションの設定と最初のフレーズです。

ダイアログ
2パターンの会話から文脈を捉え、フレーズの違いを意識しましょう。

Words&Phrases
ダイアログで使われた重要語句とフレーズです。

略式記号について

名 名詞　動 動詞　形 形容詞　副 副詞　接 接続詞　前 前置詞　間投 間投詞　単位 単位

解説

ダイアログページで使われたフレーズを詳しく説明しています。構文や文法だけでなく、類似表現や応用例文も掲載しているので、たくさんの定番フレーズが身につきます。

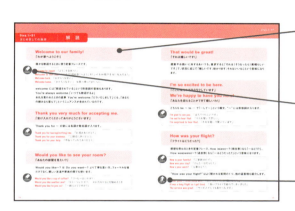

フレーズの解説
フレーズごとに文法の説明や定番の言い方を説明しています。

EXAMPLE
フレーズの解説を踏まえた例文や類似表現です。

STEP UP!
応用例文や返答例を紹介しています。

実践トレーニング

各章の最後にはダイアログページと解説ページで取り上げたフレーズを中心に、日本語文と英文を並べて掲載しています。繰り返し音読することで使えるフレーズになります。

見出し
各フレーズをシチュエーションと用法ごとに分類しています。

CDマーク
日本語文と英文の両方の音声を収録しています。

CONTENTS

はじめに 3
この本の使い方 4
プロローグ 10

Chap.1 ホストファミリーとの会話

- 01 はじめましての挨拶 12
- 02 部屋に案内されて 16
- 03 家庭のルール 20
- 04 日本のおみやげ 24
- 05 学生?　社会人? 28
- 06 仕事について 32
- 07 アメリカは初めて? 36
- 08 食べられないもの 40
- 09 歓迎ディナー 44
- 10 食後のデザート 48
- 11 家電の使い方 52
- Chap.1　実践トレーニング 56

Chap.2 ランチ・ショッピング・観光

- 01 スタバでお茶 74

02	サブウェイでランチ	78
03	ハンバーガーショップ	82
04	レストランでおひとりさまランチ	86
05	食事の感想とデザート注文	90
06	ショッピング	94
07	道を尋ねる	98
08	ロスの観光スポット	102
Chap.2	実践トレーニング	106

Chap.3 　語学学校の英語レッスン

01	日本の紹介	120
02	クラスメートとのランチ	124
03	宿題のやり方	128
04	自分の意見を述べる	132
05	先生に相談	136
Chap.3	実践トレーニング	140

Chap.4 　パーティー・デート・恋バナ

01	ホームパーティー	148
02	従兄紹介	152

03	好きな海外ドラマ	156
04	映画のお誘い	160
05	映画デート	164
06	映画の感想	168
07	ダンの日本語	172
08	別れ際に	176
09	彼氏はいる?	180
10	彼氏候補	184
11	アマンダの恋愛	188
Chap.4	実践トレーニング	192

Chap.5 お別れ&つながり

01	アマンダとの別れ	210
02	ダンとの別れ	214
03	近況報告	218
04	夏休みの予定	222
05	京都観光の計画	226
Chap.5	実践トレーニング	230

おわりに	237
おしらせ	238

COLUMN | Coffee Break

- 01　アマンダのモデル ……………………………………… 72
- 02　ホームステイ気分を味わえる海外旅行 …………… 118
- 03　語学研修でもらった自信と課題 ……………………… 146
- 04　英語で恋バナができるようになる方法 …………… 208
- 05　ちょっと特殊?　ネットの英語 ……………………… 236

校正・執筆協力	前原 沙亜奈
ブックデザイン	山之口 正和（tobufune）
イラスト	kako
DTP	hasega-design
英語ナレーション	Chris Koprowski
	Katie Adler
	Rumiko Varnes
日本語ナレーション	森 優子
録音	ユニバ合同会社

プロローグ

　本書のヒロイン・莉子は、細々と続けてきた英語学習の成果を試すため、休暇を利用して3週間のホームステイ＆語学研修に旅立ちました。
　ハリウッド映画や海外ドラマが好きな彼女が選んだ渡航先は、アメリカ・ロサンゼルス。
　さて、どんな出会いや体験が待っているのでしょうか……？

CDの使い方

本書に付属しているCDを併用することで、より効果的にフレーズを覚えることができます。
CDに収録されているのは、ダイアログページの英文と実践トレーニングページの日本語文と英文です。
ダイアログページの音声では、登場人物がA、Bの2パターンの会話を進めていきます。シチュエーションを想定しながら何度も聴き込み、「私ならどう言うだろう」とイメージして、頭の中で英文を作ってみましょう。
実践トレーニングページの音声では、日本語文と英文の音声が交互に流れます。最初は聞き流すだけで構いません。慣れてきたら和文の後にポーズを入れて、英文を言う練習をしてみるといいでしょう。
本書で使われているフレーズが自然に口から出てくるまで、上記のトレーニングを繰り返し行ってみてください。

［ご使用の前に］
● ディスクの裏面には指紋、汚れ、傷などが付かないようにお取り扱いにご注意ください。
● パソコンなどの一部の再生機器では再生できないこともありますので、ご承知おきください。
● ご使用機器、音声再生ソフト等に関する技術的な質問は、製造元メーカーにご相談ください。

※図書館の方へ、書籍とあわせて付属CDの貸出も可能とさせていただいております。

CHAPTER 1

ホストファミリー との会話

Chap.1 はじめましての挨拶

01

空港からタクシーでホストファミリー宅へ。
呼び鈴を鳴らすとホストシスターが出迎えてくれた。

こんにちは！アマンダです。会えるのを楽しみにしていたわ。わが家へようこそ！

Hi! I'm Amanda. I was looking forward to meeting you. Welcome to our family!

パターンA

こんにちは！ 莉子です。受け入れてくださってありがとうございます。

Hi! I'm Riko. Thank you very much for accepting me.

あなたの部屋を見たい？家の中を案内するわ。

Would you like to see your room? I'll show you around the house.

パターンB

こんにちは！ 莉子です。温かい歓迎をありがとう。ここに来られてワクワクしています。

Hi! I'm Riko. Thank you for your warm welcome.
I'm so excited to be here.

あなたを迎えることができて嬉しいわ！フライトはどうだった？

We're happy to have you here! How was your flight?

Chap.1-01

それは嬉しいです！
ありがとう。

That would be great!
Thanks.

快適でした。機内食と映画を楽しみましたよ。

It was comfortable.
I enjoyed the in-flight meal and some movies.

Words & Phrases

look forward to …ing
…するのを楽しみにして待つ

welcome to ～
～へようこそ

accept
動 ～を受け入れる

show A around ～
Aに～を見せて回る；Aに～を案内する

I'd love to …
ぜひ…したい

welcome
形 歓迎されている

excited
形 ワクワクした

comfortable
形 快適な

in-flight meal
機内食

Chap.1-01
はじめましての挨拶 | 解　説

Welcome to our family!
「わが家へようこそ!」

誰かを歓迎するときに使う定番フレーズです。

Welcome to Japan!　「ようこそ日本へ!」
Welcome to the club!　「クラブ[同好会]へようこそ!」→「お仲間ですね!；私もだよ!」
Welcome back.　「おかえりなさい」
Welcome home.　「おかえりなさい」　※家へ帰ってきた人に

welcome には「歓迎されている」という形容詞の意味もあります。
You're always welcome.「いつでも歓迎するよ」
お礼を言われたときの返事 You're welcome.「どういたしまして」にも、「あなたの頼みなら喜んで」というニュアンスが含まれているのです。

Thank you very much for accepting me.
「受け入れてくださってありがとうございます」

Thank you for ～ の後には名詞か動名詞が入ります。

Thank you for having(inviting) me.　「お招きありがとう」
Thank you for your kindness.　「ご親切にありがとう」
Thank you for your help.　「手伝ってくれてありがとう」

Would you like to see your room?
「あなたの部屋を見たい?」

Would you like～? は Do you want～? より丁寧な言い方。フォーマルな場だけでなく、親しい友達や家族の間でも使います。

Would you like a cup of coffee?　「コーヒーはいかが?」
Would you like another one?　「もう一ついかが?」　※お代わりなどを勧めるとき
Would you like to join us?　「一緒にどうですか?」

That would be great!
「それは嬉しいです!」

提案やお誘いに対するあいづち。直訳すると「それは(そうなったら)素晴らしいです」で、状況に応じて「嬉しいです；助かります；それはいいね」という意味になります。

I'm so excited to be here.
「ここに来られてワクワクしています」
We're happy to have you here!
「あなたを迎えることができて嬉しいわ!」

どちらも be ～ to … で「…して～」という構文。"～"には形容詞が入ります。

I'm glad to see you. 「会えてうれしいです」
I'm sad to hear that. 「それを聞いて悲しい」
I'm surprised to hear that. 「それを聞いて驚いています」

How was your flight?
「フライトはどうだった?」

感想を尋ねるときの定番フレーズ。How is(are)～?(現在形)なら「～はどう?」、How was(were)～?(過去形)なら「～はどうだった?」という意味になります。

How is your family? 「ご家族はどう?」
How was your day? 「どんな一日だった?」
How's your work? 「仕事はどう?」

"How was your flight?"はよく聞かれる質問の1つ。他の返答例も紹介します。

It was good. I could sleep well. 「良かったです。よく眠れました」
It was a long flight so I got tired. 「長いフライトで疲れてしまいました」
The service was great. 「サービスがとても良かったです」

Chap.1　02　部屋に案内されて

私が滞在する部屋へ案内してくれたアマンダ。どんな部屋だろう？

**ここがあなたの部屋よ。
気に入ってもらえるといいけど。**

This is your room. I hope you like it.

パターンA

わあ、なんて素敵な部屋！
すごく気に入りました。

Wow, what a lovely room!
I really like it.

→

よかった！
自分の家みたいに過ごしてね。

That's good to hear!
Please make yourself at home.

パターンB

なんて素敵な、大きな部屋！　日本では小さなマンション暮らしなので、本当に素敵。

What a nice, big room!
I live in a small condo in Japan, so this is amazing.

→

日本では一人暮らしなの？

Do you live by yourself in Japan?

Chap.1-02

本当にうれしいです、ありがとう！

I really appreciate it, thank you!

ええ、19歳で大学に入学したとき、実家を出たの。

Yeah, I left my parents' house when I entered college at 19.

Words & Phrases

lovely
形 すてきな、かわいらしい

make oneself at home
くつろぐ；家にいるときのように過ごす

appreciate
動 〜をありがたく思う

condo
名 マンション
※condominium の略。mansion は「豪邸」を指すので注意！

amazing
形 驚くほどすばらしい；すごい

by oneself
自分だけで；ひとりで

parents' house
実家

enter college
大学に入学する
※college は単科大学、university は総合大学を指すことが多い

Chap.1-02
部屋に案内されて　　解　説

This is your room. I hope you like it.
「ここがあなたの部屋よ。気に入ってもらえるといいけど」

I hope you like it. は、贈り物をするときや料理をふるまうときにも使える便利なフレーズ。カジュアルな話し言葉やメールではIが省略されることがあります。

This is a small gift for you. I hope you like it.
「ささやかなプレゼントです。気に入ってもらえるといいな」
I cooked gyudon, a beef bowl for you. Hope you like it.
「牛丼を作ったよ。お口に合うといいけど」

Wow, what a lovely room!
「わあ、なんて素敵な部屋!」
What a nice, big room!
「なんて素敵な、大きな部屋!」

"What+形容詞+名詞(+SV)!"で、「なんて〜な○○なんだ!」という驚嘆の気持ちをあらわすフレーズになります。文末は「!」とは限らず、「.(ピリオド)」でも構いません。形容詞を強調したい場合は、"How+形容詞(+SV)!"
SV(主語+動詞)は省略されることが多いです。人の性質を表すときは、前置詞 of が使われるのがポイント。"How+形容詞 of [人]!"となります。「…してくれる(する)なんて」という情報を足したい場合は、さらに to … を加えましょう。

What a delicious meal!　「なんておいしい食事!」
How kind of you!　「なんてやさしいの!」
How sweet of you to say so.　「そんな風に言ってくれるなんて、本当にやさしいね(ありがとう)」

That's good to hear!
Please make yourself at home.
「よかった! 自分の家みたいに過ごしてね」

That's good to hear. は、That's good「それはいい」＋ to hear「聞いて」なので、「それを聞けてよかった」→「それはよかった」という意味になります。good を great「すばらしい」に変えると、That's great to hear!「それは本当によかった!」。

Please make yourself at home. は単に「くつろいでね」と訳されることもありますが、文字通り「自分の家にいるように、遠慮しないで過ごしてね」という意味が含まれるので、誰かを家に招いたり、泊めたりするときにぴったりのフレーズです。

Do you live by yourself in Japan?
「日本では一人暮らしなの?」

by oneself は「ひとりで」。「一人暮らしする」は live alone でもOKです。反対に、誰かと一緒に住んでいる場合は with ～ をつけましょう。

I live with my family. 「家族と住んでいます」

Yeah, I left my parents' house when I entered college at 19.
「ええ、19歳で大学に入学したとき、実家を出たの」

leave は「ある場所を去る」、または「ある場所に、人や物を残して去る」というイメージで覚えておきましょう。さまざまな場面で幅広く使える動詞です。

I left my smartphone on the train. 「スマホを電車に忘れてきちゃった」
He left me. 「彼に振られてしまった」 ※通常、同居していた人に対して使う表現

when 以下は「…したときに」という意味で、いつ実家を出たのかという追加情報です。

at (the age of) 19 は、「19(歳)のときに」という意味。when I was 19 years old とすることもできますが、when節の中にもう1つ when節があると冗長になるので、適宜使い分けましょう。years old は省略されることが多いです。

I left the company when I got married at 28. 「28で結婚したときに退職したの」

Chap.1 03 家庭のルール

家の中をひととおり案内してもらったあと、ホストマザーのメイジーが一言。

質問があれば遠慮なく聞いてね。

Feel free to ask me any questions.

パターンA

もしあれば、家庭内のルールを教えていただけますか？

Would you kindly let me know your house rules, if you have any?

特にないけど、夜遅く帰るときは知らせてね。

Nothing in particular, but please let us know when you'll be home late at night.

パターンB

ゴミの分別方法を教えてもらえますか？

Would you tell me how to separate my garbage?

ええとね、リサイクルするために、ガラスとペットボトルは分けるの。

Well, we separate glasses and plastic bottles in order to recycle them.

Chap.1-03

分かりました、ありがとう。

_____

Okay, thank you.

Words & Phrases

feel free to …
自由に…する；遠慮なく…する

Would you (kindly) …?
…していただけますか？（丁寧な依頼）

house rule
家庭のルール

in particular
特に；とりわけ

separate
動 〜を分ける；〜を分類する

garbage
名 ゴミ

plastic bottle
ペットボトル

in order to …
…するために

recycle
動 〜をリサイクルする

Chap.1-03
家庭のルール

解　説

Feel free to ask me any questions.
「質問があれば遠慮なく聞いてね」

(Please) feel free to … で「自由に…してね；遠慮なく…してください」という意味の定番フレーズです。類似フレーズ Don't hesitate to …「ためらわず（遠慮なく）…してください」も覚えておきましょう。

Feel free to call me anytime.　「いつでも電話してね」
Feel free to say no.　「遠慮なく断ってくれていいからね」
Don't hesitate to ask me anything.　「遠慮せず何でも聞いて」

Would you kindly let me know your house rules, if you have any?
「もしあれば、家庭内のルールを教えていただけますか？」

Would you (kindly) …? は、相手に依頼するときの言い方で、Will you …?「…してもらえますか」よりさらに丁寧になります。
　後半の if you have any の後には house rules が省略されています。同じ語のくり返しは避けて、省略するようにしましょう。

Would you help me move this table?
「このテーブルを動かすのを手伝っていただけますか？」
Would you kindly help me with my homework?
「私の宿題を手伝っていただけますか？」
Would you kindly point out any mistakes I make?
「間違いがあれば指摘していただけませんか？」

Nothing in particular.
「特にないけど」

in particularは「特に；とりわけ」という意味。ここでは nothing「何もない」を修飾していますが、文章全体にかかることもあります。副詞の particularly でもOK。

Is there anything in particular you'd like to try?
「何か特に食べてみたいものはありますか?」
Is there someone in particular you'd like to invite? 「誰か特に招待したい人はいる?」
I'm particularly interested in Edo period history.
「特に江戸時代の歴史に興味があります」

疑問文での something / someone と anything / anyone の使い分けですが、具体的に何かイメージしているものがあるときや、相手の答えがおそらく Yes だと思われるときは some-、特にイメージがないときや何でもいいとき、相手の答えが Yes か No かわからないときは any- と覚えておきましょう。

Would you tell me how to separate my garbage?
「ゴミの分別方法を教えてもらえますか?」

how to … で「どうやって…すべきか;…する方法」という名詞句になります。what to … なら「何を…すべきか」、when to … なら「いつ…すべきか」、where to … なら「どこで(へ)…すべきか」。便利なのでまとめて覚えておきましょう!

Would you tell me how to spell it? 「スペルを教えていただけますか?」
I don't know what to say. 「何と言ったらいいのか分からない」
Tell me when to stop. 「止めてほしいところで言ってね」 ※飲み物を注ぐときなど。

We separate glasses and plastic bottles in order to recycle them.
「リサイクルするために、ガラスとペットボトルは分けるの」

in order to … で「…するために」。不定詞 to … だけでも同じ意味になりますが、目的を表すことをより明確にしたいときに使います。

I'll organize my desk (in order) to be more productive.
「生産性を上げるために机を片づけようっと」
I started jogging in the morning (in order) to stay fit.
「健康を維持するために朝のジョギングを始めたんだ」

Chap.1 04

日本のおみやげ

コーヒーを淹れてもらって一息ついたあと、日本からのおみやげを渡した。

これ、日本からのちょっとしたお土産です。気に入ってもらえるといいのですが。

Here're little gifts for you from Japan. I hope you like them.

パターンA

私たちに？ ありがとう！

For us? Thank you!

→ 浴衣と甚平という、カジュアルな着物です。

These are the casual version of kimono, called yukata and jinbei.

パターンB

そんな、いいのに！でもうれしいわ。

Oh, you shouldn't have! But I'm glad you did.

→ 抹茶とほうじ茶味のスイーツとラテです。

Here are matcha and hojicha flavored sweets and latte.

Chap.1-04

素敵！
着方を教えてくれる？

Fantastic!
Will you tell me how to wear them?

抹茶、大好き！
ほうじ茶は初めてだわ。

I love matcha!
I've never tried hojicha before.

 Words & Phrases

Here's(Here're) ～
これは～です

little gift
ちょっとした贈り物

casual
形 カジュアルな、普段着の

～ version of A
Aの～版；～バージョンのA

fantastic
形 素晴らしい；最高の

shouldn't(should not) have＋過去分詞
…しなければよかった；…すべきでなかった

～ flavored
～味の

I've(I have) never＋過去分詞
…したことが一度もない

Chap.1-04
日本のおみやげ

解説

Here're little gifts for you from Japan.
「これ、日本からのちょっとしたお土産です」

Here's(Here're) 〜 は、手元にあるものを指して「これは〜です」と紹介するときのフレーズです。対象が単数、もしくは不可算名詞のときは Here's(Here is) 〜、複数のときは Here're(Here are) 〜、と使い分けてください。

Here's a little something for you. 「あなたにちょっとしたプレゼントです」
Here's your change. 「こちらがおつりです」
Here're some examples. 「いくつか例をご紹介しましょう」

These are the casual version of kimono, called yukata and jinbei.
「浴衣と甚平という、着物のカジュアルバージョンです」

〜 version of A で「Aの〜版」という意味になります。version「バージョン」という言葉は、すでに日本語の一部としても使われていますね。

This series is like a watered-down version of Glee.
「このドラマってGleeの劣化版みたい」
You're like a girl version of me. 「君は僕の女版って感じだ」

Fantastic!
「素敵!」

「素敵;素晴らしい」を表す形容詞は多数あるので、まとめて覚えておきましょう。
wonderful, great, fabulous（よく使われる一般的な「素晴らしい」）
amazing, marvelous（「驚くべき」というニュアンス）
outstanding（「傑出している」というニュアンス）
awesome, cool（ややカジュアル）

Chap.1-04

Will you tell me how to wear them?
「着方を教えてくれる?」

Chap.1-03にも出てきた、how to …「どうやって…すべきか；…する方法」です。Will you ～? は「～してもらえる?」と相手の意思を尋ねる依頼表現で、Would you ～? よりくだけた言い方。

Oh, you shouldn't have! But I'm glad you did.
「そんな、いいのに！ でもうれしいわ」

shouldn't have の後に done that「それをしてくれた」が省略された形。"shouldn't have＋過去分詞"で「…すべきではなかった；しなければよかった」という意味ですが、動詞を省略した You shouldn't have. は、何かしてくれた相手に対して「(そんなことをしてくれなくても)よかったのに」という、恐縮の気持ちを表す定番フレーズになります。ぜひこのまま覚えておきましょう！また、"should've(should have)＋過去分詞"なら、「…すべきだった；すればよかった」という意味になります。

You shouldn't have gone to all this trouble.
「わざわざこんなことまでしてくれなくてもよかったのに」
You should've seen it. 「あなたにも見せたかったよ(あなたも見るべきだったよ)」

I'm glad (that) … は「～でうれしい」。I'm glad you did. は直訳すると「あなたがしてくれてうれしい」になります。

I'm glad you came. 「来てくれてうれしいよ」
I'm glad you called me. 「電話をくれてうれしいよ」

I've never tried hojicha before.
「ほうじ茶は初めてだわ」

"I've(I have)＋過去分詞"で「現在完了」を表します。ここでは＜経験＞の用法になります。never がつくと、「一度も…したことがない」という否定文になります。現在完了については、後の Chap.1-07 (P.38) でもくわしく紹介します。

27

Chap.1 05 学生？ 社会人？

ホストシスターのアマンダに、今春休み中なのか尋ねられた。

じゃあ今は春休み？ 学生さんなの？

So are you on a spring break now?
Are you a student?

パターンA

ええ、この4月に大学4年になります。

Yes, I'll be a senior in college this April.

専攻は？

What's your major?

パターンB

いいえ、転職をしたところで、来月から新しい会社で働き始めるんです。

No, I just got a new job and I'll start working for a new company next month.

それはいいね。転職おめでとう！

That's nice. Congratulations on your new career!

Chap.1-05

建築学を専攻しています。
将来建築士になりたいんです。

I major in architecture.
I want to be an architect in the future.

ありがとう。
今はこの休暇をめいっぱい楽しみたいです。

Thank you.
For now I want to enjoy this vacation to the fullest.

Words & Phrases

spring break
春休み

senior
名 年上の人；（大学や4年制高校の）4年生；（3年制高校の）3年生

major
名 専攻

major in ～
～を専攻する

architecture
名 建築学；建築様式

architect
名 建築家；建築士

new career
新しい仕事

for now
今のところ

to the fullest
最大限に；めいっぱい

29

Chap.1-05
学生？ 社会人？

解　説

So are you on a spring break now?
「じゃあ今は春休み？」

冒頭の So は「じゃあ；つまり；そうか」と話の流れに乗って話すときや、「そんなわけで」と話をまとめるとき、「ところで」と話題を変えるときなど、さまざまな場面で使えます。

So that explains it. 「そうか、そういうことだったのか」
So this is your new office. 「へえ、ここがあなたの新しいオフィスか」
So this is what happened. 「つまりこれが事の顛末ってわけ」

I'll be a senior in college this April.
「この４月に大学４年になります」

「４年生」は a fourth year student でもいいですが、アメリカ英語でよく使われている単語をまとめてチェックしましょう。
freshman「（大学や４年制高校の）１年生；新入生」
sophomore「（大学や４年制高校の）２年生；（３年制高校の）１年生」
junior「（大学や４年制高校の）３年生；（３年制高校の）２年生」
senior「（大学や４年制高校の）４年生；（３年制高校の）３年生」

I major in architecture.
「建築学を専攻しています」

major in ～ で「～を専攻している」。過去のことを話すときは、What was your major?「専攻は何だったの？」。I majored in ～.「～を専攻していたよ」や My major was ～.「専攻は～だったよ」のように、過去形に変えればOKです。自分の専攻科目を英語で何と言うか調べておきましょう。

I major in engineering. / My major is engineering. 「工学専攻です」
I majored in English literature. / My major was English literature. 「英文学専攻でした」

I want to be an architect in the future.
「将来建築士になりたいんです」

将来なりたいものを語るときは、I want to be ~ / I want to … in the future.
すでに予定が決まっているときは I'm going to(gonna) be ~ / I'm going to …. と言うのが一般的です。

I want to be a therapist in the future. 「将来はセラピストになりたい」
I'm going to be a high school teacher after I graduate. 「卒業後は高校教師になるんだ」
I finally passed the bar exam so I'm going to be a lawyer.
「ついに司法試験に受かったから弁護士になるんだ」

I just got a new job and I'll start working for a new company next month.
「転職をしたところで、来月から新しい会社で働き始めるんです」

get a new job「新しい職を得る」としましたが、「転職する」は change jobs とも表現できます。前の仕事から新しい仕事へ変えるので、jobs と複数形になります。work for a new company の代わりに work with a new employer「新しい雇用主と働く」と言うことも。
ここでの just は「たった今 (さっき) …したばかり」という意味です。動詞は現在完了形にしてももちろんOK。アメリカ英語では "just＋過去形" で表すことが多いです。

I just got here. 「今来たところだよ」
I just had breakfast. 「さっき朝ごはんを食べたところなんだ」

Congratulations on your new career!
「転職おめでとう!」

Congratulations on ~ で「~おめでとう」という定番フレーズ。名詞の代わりに動名詞にして、Congratulations on getting a new job! と言うこともできます。

Chap.1 06

仕事について

働いていると言ったら、仕事は何をしているのか尋ねられた。

何の仕事をしているの?

What do you do?

パターンA

幼稚園の先生です。大変な時もあるけどやりがいがあります。

I'm a kindergarten teacher. It's sometimes tough but rewarding.

→

そうでしょうね。子どもが好きなの?

It must be so. Do you like children?

パターンB

貿易会社で事務をしています。主な仕事は書類を英語で作ることです。

I do clerical work at a trading company. My main job is to make documents in English.

→

どうりで英語が上手なわけね。

No wonder your English is so good.

Chap.1-06

もちろん！
子どもたちの笑顔にエネルギーをもらってます。

Definitely!
Their smiles give me energy.

わあ、そう言ってもらえるとすごく嬉しい。
ありがとう！

Wow, I'm flattered.
Thank you!

Words & Phrases

kindergarten
名 幼稚園

tough
形 大変な；きつい；厳しい

rewarding
形 やりがいがある；報われる

must be 〜
〜にちがいない

definitely
間投 もちろん；その通り
副 間違いなく；絶対に

clerical work
事務

trading company
貿易会社；商社

No wonder …
…でも不思議ではない

flattered
形 （褒められたり栄誉を与えられたりして）とてもうれしい

33

Chap.1-06
仕事について

解 説

What do you do?
「何の仕事をしているの?」

What are you doing? と現在進行形で聞くと「今何をしているの?」という意味ですが、動詞の現在形は「普段の行動;習慣」を表します。What do you do?「普段何をしていますか?」は、つまり「職業は?」という意味の定番フレーズ。より明確にするために What do you do for a living?「生活のために何をしていますか?」という聞き方をすることもあります。
他にも、What is your job like?「あなたの仕事はどんな風ですか?」や What kind of work do you do?「どんな仕事をしているの?」と聞いてももちろんOK。

It's sometimes tough but rewarding.
「大変な時もあるけどやりがいがあります」

仕事を表現するための形容詞を、他にもいくつか覚えておきましょう。

<ポジティブ>
worthwhile「やりがい(値打ち)がある」　interesting「面白い;興味深い」
meaningful「意義がある」　exciting「ワクワクするような」
challenging「難しいがやりがいのある;能力が試される」

<ネガティブ>
stressful「ストレスの多い」　boring「退屈な」
exhausting「クタクタに疲れさせる」　monotonous「変化のない」

It must be so.
「そうでしょうね」

must は「〜に違いない」という意味で使われることの多い助動詞です。かなり確信度の高いときに使われます(90%以上)。

That must be tough(hard).　「それは大変だね」
You must be Mr. Stevens.　「あなたはスティーブンスさんですね」

Definitely!
「もちろん!」

「もちろん!」「その通り!」というニュアンスで使われる定番のあいづち。
ほか、Absolutely! もよく使われます。

Their smiles give me energy.
「子どもたちの笑顔にエネルギーをもらってます」

日本語にはない、モノや事象(無生物)が主語になった文。英語らしいすっきりした文になるので、ぜひ使いこなしてみましょう。

This movie makes me cry. 「この映画は泣ける」
Caffeine gives me headaches. 「カフェインを摂ると頭痛になってしまうの」
Caffeine keeps me awake. 「カフェインを摂ると目が冴えちゃう」

I do clerical work at a trading company.
「貿易会社で事務をしています」

職業を言うとき、"I'm a(an) ＋職業名." でもいいですが、動詞の現在形を使って「〜をしています」と伝えるのも英語らしい言い方です。

No wonder your English is so good.
「どうりで英語が上手なわけね」

No wonder「不思議がない」なので、「どうりで…だね」という意味になります。
後ろには普通にS＋Vの文を続けるだけなので、気軽に使ってみましょう。

No wonder you look so happy. 「どうりでそんなに嬉しそうなわけだ」
No wonder you're exhausted. 「そりゃクタクタになるわ」
No wonder he likes you. 「彼があなたを好きなのもわかるわ」

Chap.1 — 07

アメリカは初めて？

ホストファーザーに、アメリカに来るのは初めてかどうか聞かれた。

アメリカに来るのは初めて？

Is this your first visit to the US?

パターンA

ええ。アメリカ映画を見て以来ずっと来てみたかったんです。

Yes. I've wanted to come here ever since I saw some American movies.

はは、じゃあここに来たのは正解だね！ロスには有名なロケ地がたくさんあるよ。

Haha, then you've come to the right place! There're lots of famous filming locations in LA.

パターンB

いいえ、大学生のときボストンに1週間くらい滞在したことがあります。

No, I stayed in Boston for about a week when I was a college student.

それはいいね！滞在はどうだった？

How nice! How was the stay?

Chap.1-07

ですよね！ 絶対行きたい場所の長いリストを作ってきました。

I know! I made a long list of must-visit places.

とても楽しかったです。歴史的な場所や有名大学などを訪れました。

It was exciting. I enjoyed visiting some historical places and famous universities.

Words & Phrases

first visit
初めての訪問

(ever) since …
接 …以来（ずっと）

right place
ふさわしい場所；うってつけの場所；適所

I know!
知ってるよ！；だよね！；ですよね！

must-visit
形 必ず訪れるべき

stay
名 滞在
動 滞在する

historical
形 歴史の；歴史的な

Chap.1-07
アメリカは初めて？

解説

Is this your first visit to the US?
「アメリカに来るのは初めて？」

visit には「〜を訪れる」という動詞もありますが、「訪問」という名詞もあります。Is this your first visit to 〜? で「これがあなたの初めての〜への訪問ですか？」つまり「〜に来るのは初めてですか？」という意味になります。

I've wanted to come here ever since I saw some American movies.
「アメリカ映画を見て以来ずっと来てみたかったんです」

Chap.1-04では I've never tried hojicha before.「ほうじ茶は初めてだわ（ほうじ茶を試してみたことは一度もないわ）」という、＜経験＞を表す現在完了の文が登場しました。
ここでの現在完了は「ずっと〜している；ずっと〜だった」という＜継続＞を表しています。どちらの意味なのかは、文脈で判断できますね。
＜継続＞を表す現在完了の文は、since …「…以来」や、for 〜「〜の間」という語を伴うことが多いです。"since＋過去の一時点"、"for＋期間"と覚えておきましょう。

I've known Emma since she was a baby. 「エマのことは赤ちゃんのときから知っているよ」
I've known her for more than 20 years. 「彼女とは20年以上の知り合いです」

Then you've come to the right place!
「じゃあここに来たのは正解だね！」

right 〜 で「正しい〜；ふさわしい〜」という意味になります。例文のように、「〜して正解だった」という場合にも使えて便利。直訳すると「じゃあ君は正しい場所に来たね！」。こも現在完了の文で、「（たった今）〜したところだ」という＜完了＞を表します。

If you want to learn about Japanese culture, you've come to the right person.
「日本文化について知りたいなら、私のところへ来て正解だよ」
He's the right person to run this company. 「彼はこの会社の経営者にふさわしいね」

I made a long list of must-visit places.
「絶対行きたい場所の長いリストを作ってきました」

must-visit は「絶対訪れるべき」という意味の形容詞ですが、似たような単語で must-see も覚えておきましょう。こちらは「必見の」という形容詞としても、「必見のもの」という名詞としても使われます。

That's a must-see store! 「それは必見のお店だよ!」
Star Wars is a must-see, right? 「スターウォーズは必見だよね」

I stayed in Boston for about a week when I was a college student.
「大学生のときボストンに1週間くらい滞在したことがあります」

for は「〜の間」を表す前置詞。How long …?「どれくらい…?」と聞かれたときは、For 〜. だけで答えてもOKです。

"How long are you going to stay?" "For three days."
「どれくらい滞在しますか?」「3日間です」
"How long have you lived in Tokyo?" "For more than 10 years."
「東京に住んでどれくらいですか?」「10年以上になります」

How was the stay?
「滞在はどうだった?」

Chap.1-01では、How was your flight?「フライトはどうだった?」と尋ねる文が出てきましたね。今回も、他の回答例をいくつか考えてみましょう。

I had a really good time. 「本当に楽しい時間を過ごしました」
It was such an amazing time! 「とても素敵な時間でした!」

Chap.1 08 食べられないもの

ホストマザーが食事について尋ねてくれた。

何か食べられない物はある?

Is there anything you can't eat?

パターンA

いいえ、好き嫌いはないし、アレルギーもないです。

No, I'm not a picky eater and don't have allergies, either.

よかった。あなたを歓迎して、今夜はごちそうを作るわね。

Great. I'm going to cook something special tonight to welcome you.

パターンB

はい、魚卵アレルギーがあるんです。それ以外は何でも食べられます。

Yes, I'm allergic to fish roe. Other than that, I can eat anything.

分かったわ。どのみち私たちもめったに魚卵は食べないから大丈夫よ。

OK. We rarely eat it anyway, so you'll be fine.

Chap.1-08

ありがとう。
とても嬉しいです！

Thank you.
I really appreciate it!

よかったです。

Glad to hear that.

Words & Phrases

picky eater
好き嫌いの多い人

allergy
名 アレルギー
※発音は[ア'レジー]

something special
何か特別な物［こと］

be allergic to ～
～にアレルギーがある；～アレルギーである

fish roe
魚卵　※roe だけでも「魚卵」を指す。salmon roe なら「イクラ」

other than that
それ以外は；その他

rarely
副 めったに…しない

anyway
副 とにかく；どっちみち

41

Chap.1-08
食べられないもの

解説

Is there anything you can't eat?
「何か食べられない物はある?」

anything that you can't eat「あなたが食べられない物」の、関係代名詞 that が省略された形。関係代名詞の目的格は省略されるケースが多いです。

関係代名詞の目的格を用いた英文の作り方
目的格とは、目的語の役割をしつつ文をつなぐ関係代名詞のこと。
Is there anything? + You can't eat ○○ (何か).
　　　　　　　　　　　　　　　└─目的語の部分を関係代名詞 that に置き換えて
　　　　　　　　　　　　　　　　先行詞 anything の直後に置く

= Is there anything **that** you can't eat?
さらに that を省略して以下のようになります。
Is there anything you can't eat?
関係代名詞の目的格は、「省略されることがほとんど」で、「先行詞の後に続く文は、目的語が欠けている」という2点がポイントです。

Is there anything you'd like to try?　「何か食べてみたいものはある?」
Isn't this the book you told me about?　「これってあなたが話していた本じゃない?」

No, I'm not a picky eater and don't have allergies, either.
「いいえ、好き嫌いはないし、アレルギーもないです」

「好き嫌いはありません」は、I'm not picky about food. でもOK。picky about men と言うと「男性の好みがうるさい」という意味になります。
have allergies は「アレルギーがある」。have a pollen allergy「花粉アレルギー(花粉症)がある」や have a cat allergy「猫アレルギーです」など、具体的に言うこともできます。文末の ,either は、「〜もないです」の「〜もまた」に当たる部分。肯定文では ,too になります。

Great. I'm going to cook something special tonight to welcome you.
「よかった。あなたを歓迎して、今夜はごちそうを作るわね」

相手の返答を聞いて「(それは)よかった」とあいづちを打つとき、Good. や Great. がよく使われます。
I'm going to(gonna) … は「…するつもり」。以前から予定していたことを伝えるときに使います。
対して I'll … は「…するよ；…しようっと」というニュアンス。話している最中に決めたことに使います。たとえば急に尋ねてきた友人に「何か作るよ」と言う場合は、I'll cook you something. 電話が鳴って「私が出るよ」は I'll get it.

Thank you. I really appreciate it!
「ありがとう。とても嬉しいです!」

感謝の気持ちを伝えるとき、Thank you for 〜 だけでなく I appreciate 〜 もよく使います。こちらの方がややかしこまった言い方になります。

I appreciate your help. 「お力添えに感謝します；助けてくれてありがとう」
I always appreciate your kindness. 「いつも親切にしてくれて感謝しているよ」

Yes, I'm allergic to fish roe.
「はい、魚卵アレルギーがあるんです」

アレルギー持ちであることを伝えたいときは、先ほどのように I have a(an) 〜 allergy. か、I'm allergic to 〜. で表すことができます。I'm allergic to 〜 に続く名詞は、可算名詞の場合は複数形が一般的です。

I'm allergic to oysters. 「牡蠣アレルギーなんです」
I'm allergic to dairy products. 「乳製品アレルギーです」
I'm allergic to wheat. 「小麦アレルギーです」

We rarely eat it anyway, so you'll be fine.
「どのみち私たちもめったに魚卵は食べないから大丈夫よ」

「めったに…しない」は seldom でもいいでしょう。よりフォーマルな言い方です。

Chap.1 09 歓迎ディナー

ディナータイム。今日は歓迎の気持ちを込めて、ごちそうを作ってくれたみたい。

晩ごはんができたわよ。さあ召し上がれ！
Dinner is ready. Dig in!

パターンA

わあ、おいしそう！

Wow, looks delicious!

→

お口に合うといいけど。サラダは自由に取ってね。

Hope you like it.
Help yourself to the salad.

パターンB

わあ、すごいごちそう！すべてのお料理を作られたのですか？

Wow, what a feast! Have you cooked all the dishes?

→

アマンダがチキンを手伝ってくれたの。

Amanda helped me with the chicken.

Chap.1-09

どれもすごくおいしい。
このステーキは今までで
一番おいしいです！

Everything tastes great.
This is the best steak ever!

すごくおいしい！
もう1つ食べてもいいですか？

I love it!
May I have another piece?

Words & Phrases

dig in
食べ始める；かぶりつく；土を掘る

help oneself to ～
自由に～を取って食べる

taste great
とてもおいしい；味がいい

feast
名 ごちそう
動 ～をもてなす

ever
副 これまでで；今までに

dish
名 皿；(お皿に盛りつけられた) 料理

help [人] with ～
[人] が～するのを手伝う

another
形 もう一つ；別の

piece
名 1個；一切れ；一片

45

Chap.1-09
歓迎ディナー

解　説

Dinner is ready. Dig in!
「晩ごはんができたわよ。さあ召し上がれ!」

dig in はカジュアルな口語表現で、「食べる」という意味でよく使われます。もともとの意味は「(土を)掘る」。

Let's dig in.　「さあ食べよう」
Dig in while it's hot.　「温かいうちに召し上がれ」

Wow, looks delicious!
「わあ、おいしそう!」

カジュアルな会話では、delicious の代わりに yummy「おいしい」と言うことも。やや子供っぽい、砕けた単語です。他には、It must be good!「おいしそう(おいしいに違いない)!」という言い方も。

Everything tastes great.
「どれもすごくおいしい」

taste great で「すごくおいしい」。逆に「まずい」は taste bad(terrible) と言います。taste は「〜の味がする」、look は「〜に見える」、smell は「〜のにおいがする」という意味。

Everything tastes okay.　「どれもまあまあの味だね」
The curry looks spicy and tasty.　「カレー、スパイシーでおいしそう」
This bread smells so good.　「このパン、すごくいいにおい」

This is the best steak ever!
「このステーキは今までで一番おいしいです!」

「今までで一番おいしい(最高だ)」と言いたいときは、最上級を使って the best 〜 ever または the best 〜 I've(I have) ever had と表すことができます。

現在完了＜経験＞の否定文で、I've never had steak this good before!「こんなにおいしいステーキは食べたことがない!」と言っても、感動が伝わりますね。ここでの this は「こんなに」という意味の副詞で、good「おいしい」を修飾しています。

This is the best wine I've ever had! 「今まで飲んだ中で最高のワインだ!」
I've never had anything this good. 「こんなにおいしいものは食べたことがないよ」

Have you cooked all the dishes?
「すべてのお料理を作られたのですか?」

現在完了＜完了＞の文で、「たった今…した;…したばかり」というニュアンスになります。Did you cook everything? でもOK。

Amanda helped me with the chicken.
「アマンダがチキンを手伝ってくれたの」

"help [人] …（動詞の原形）" または "help [人] with ～（名詞）" で、「[人]が…するのを（～を）手伝う」という意味になります。

Could you help me with my homework? 「宿題を手伝ってもらえますか?」
Could you help me with my suitcase?
「スーツケースを運ぶのを手伝っていただけますか?」
This app helps me organize my photos. 「このアプリは写真を整理するのに役立つんだ」

May I have another piece?
「もう1つ食べてもいいですか?」

可算名詞の場合は another「もう1つ」、two more「あと2つ」、不可算名詞の場合は some more「もう少し」で、おかわりを依頼することができます。

Can I have some more beer / water? 「ビール／お水をもう少しもらえますか?」
May I have another blanket? 「毛布をもう一枚いただけますか?」

Chap.1 食後のデザート

10

お腹がいっぱいになったところへ、大きなアップルパイが登場！

デザートにアップルパイはいかが？

Would you like to have an apple pie for dessert?

パターンA

わあ、おいしそう、でもお腹いっぱい。あとでいただけますか？

Oh, it looks good, but I'm so full. Could I have it later?

もちろん。冷蔵庫に入れておくからいつでも食べてね。

Sure. I'll keep it in the fridge so help yourself to it anytime.

パターンB

お腹いっぱいだけど、おいしそう。デザートはいつも別腹ですね。

I'm full but it looks yummy. There's always room for dessert.

その通り！

Absolutely!

Chap.1-10

ありがとう！

Thank you!

おいしいです。
レシピを教えていただけますか？

This is good.
Could I have the recipe?

Words & Phrases

Would you like to …?
…したいですか？

full
形 満杯の；おなかがいっぱいの

Could I …?
…してもいいでしょうか？

keep 〜 in the fridge
〜を冷蔵庫に入れておく；〜を冷蔵庫で保存する　※fridge は refrigerator（冷蔵庫）の短縮語

anytime
副 いつでも

yummy
形 おいしい；魅力的な

room for dessert
デザートのための別腹　※この room は「部屋」ではなく「余地；スペース」の意味

absolutely
間投 まったくその通り
副 完全に；間違いなく

49

Chap.1-10
食後のデザート

解　説

Would you like to have an apple pie for dessert?
「デザートにアップルパイはいかが?」

Would you like to …?「…したいですか?」、または Would you like 〜?「〜はいかがですか?」は、人に何かを勧めるときの定番フレーズ。would like は want より丁寧な言い方で、レストランなどでもよく使われます。

Would you like coffee or tea?　「コーヒーか紅茶はいかがですか?」
Would you like to drink something?　「何かお飲みになりますか?」
How would you like your steak?　「ステーキの焼き加減はどのようにしたしますか?」

Oh, it looks good, but I'm so full.
「わあ、おいしそう、でもお腹いっぱい」

パターンBの I'm full but it looks yummy.「お腹いっぱいだけどおいしそう」と対比してみましょう。強調したいポイントが but「しかし」の後にくるのは、日本語も英語も同じです。

Could I have it later?
「あとでいただけますか?」

Could I have the recipe?
「レシピを教えていただけますか?」

Could I …? は「…してもいいでしょうか?」という意味で、Can I …? よりかしこまった言い方です。

I'll keep it in the fridge so help yourself to it anytime.
「冷蔵庫に入れておくからいつでも食べてね」

keyは「〜の状態をキープする；〜を保存・管理する」という他動詞のほかに、「（食品が）もつ；保存がきく」という意味もあるので覚えておきましょう。

How long will it keep in the fridge? 「それは冷蔵庫でどれくらいもちますか？」
This bread will keep for about three days at room temperature.
「このパンは常温で3日くらいもちます」

help oneself to 〜「自由に〜を取って食べる」はChap.1-09でも登場したフレーズですね。例文をいくつか挙げてみます。

Help yourself to the drinks. 「飲み物はご自由にどうぞ」
Help yourself to anything in the fridge. 「冷蔵庫にあるものは何でも自由に食べてね」

There's always room for dessert.
「デザートはいつも別腹ですね」

room には可算名詞の「部屋」という意味と、不可算名詞の「余地」という意味があります。room for dessert は後者で、直訳すると「デザートのための余地（スペース）」。日本語で言う「別腹」にぴったりですね！

I'll save room for dessert. 「デザートのためにお腹を空けておこうっと」
I was stuffed but could find room for dessert. 「満腹だったけど、デザートは別腹だった」

Absolutely!
「その通り!」

Yes より強い気持ちのこもった、同意を表すあいづちです。いろんな同意表現を覚えておきましょう。

You're right. / That's true. 「その通り」
Totally agree. / Exactly. / You can say that again. 「まったくその通り」
You're spot on. 「的を射てる」
You said it. 「言えてる；まさしく」

Chap.1 家電の使い方

🎵 11

11

すっかり夜も更けた。そろそろ寝なくては。

もうこんな時間！ 疲れたでしょう。
ゆっくり休んでね。
**Look at the time! You must be tired.
Have a good rest.**

パターンA

ありがとう。
シャワーを浴びてもいいですか?

Thank you.
May I take a shower?

→

ええどうぞ。
使い方は分かる?

Sure.
Do you know how to use it?

パターンB

ありがとう。
明日の朝、洗濯機を使ってもいいですか?

Thank you.
May I use the washing machine tomorrow morning?

→

ええどうぞ。
使い方を教えるわね。

Sure.
I'll show you how to use it.

Chap.1-11

分かると思います。
....
I think I do.

ありがとう。
....
Thank you.

Words & Phrases

Look at the time!
もうこんな時間！；時計を見て！

must be ～
～に違いない

have a good rest
ゆっくり休む；よく体を休める

May I …?
…してもよろしいでしょうか？
※許可を求める丁寧な表現。

take a shower
シャワーを浴びる

show
動 やり方などを見せる；～を示す

how to use ～
～の使い方

washing machine
洗濯機

Chap.1-11
家電の使い方

Look at the time!
「もうこんな時間!」

文字通り「時間を見てごらん!」という意味でも使えます。ほか、あっという間に時間が過ぎてしまったときの定番フレーズをご紹介しましょう。

I've completely lost track of the time. 「完全に時間を忘れていたよ」
Time has flown by. 「時間があっという間に過ぎちゃった」
Two hours passed so quickly. 「2時間があっという間に過ぎた」

You must be tired.
「疲れたでしょう」

Chap.1-06の It must be so.「そうでしょうね」と同じく、「〜に違いない」という強い確信を表す must です。

You must be proud of your son. 「息子さんのこと、さぞ鼻が高いでしょう」
You must be kidding. 「冗談でしょ；まさか」

Have a good rest.
「ゆっくり休んでね」

「ゆっくり休んでね」は他にもいろいろな言い方があります。

Get plenty of rest. 「たくさん休んでね」
Have a good night's sleep. 「今夜はゆっくり眠ってね」
Sleep tight. 「ぐっすり寝てね」

May I take a shower?
「シャワーを浴びてもいいですか?」

May I use the washing machine tomorrow morning?
「明日の朝、洗濯機を使ってもいいですか?」

May I …? は、許可を求める丁寧な言い方です。take a shower「シャワーを浴びる」の代わりに use the shower「シャワーを借りる」でもOK。家に備え付けてあるものや文房具など、その場で借りてすぐに返す場合は borrow「借りる」ではなく use「使う」を使います。

May I use your pen? 「ペンを貸してもらえますか?」
May I use the bathroom? 「お手洗いを借りてもいい?」

Do you know how to use it?
「使い方は分かる?」
I'll show you how to use it.
「使い方を教えるわね」

how to … で「…のやり方;…の仕方」という名詞節を作ります。便利なのでぜひ使いこなしてみましょう。また、show は「見せて教える」のに対し、tell は「口頭で教える」というニュアンスの違いがあります。

I don't know how to get to the station. 「駅への行き方が分かりません」
Can you tell me how to get to your place? 「あなたの家までの行き方を教えてもらえる?」

I think I do.
「分かると思います」

Do you know how to use it? への返答なので、I think I know. でもいいのですが、動詞はくり返さず助動詞に置き換えるのが一般的です。シンプルに I think so. でもOK。

"Does he play futsal?" "I think he does." / "I think so."
「彼はフットサルをするのかな?」「だと思うよ」
"Can you come tomorrow?" "I think I can." / "I think so."
「明日来られる?」「行けると思う」

Chap.1 実践トレーニング

01 はじめましての挨拶

1. …してくれてありがとう／〜をありがとう ◎12

- ☐ お招きありがとう。
- ☐ ご親切にありがとう。
- ☐ 手伝ってくれてありがとう。
- ☐ おいしいディナーをありがとう。
- ☐ いつもそばにいてくれてありがとう。
- ☐ いつも私に優しくしてくれてありがとう。

2. …して〜です

- ☐ ここに来られてワクワクしています。
- ☐ あなたをここに迎えることができて、私たちは嬉しいわ!
- ☐ あなたに会えて嬉しいです。
- ☐ それを聞いて悲しい。
- ☐ それを聞いて残念です。
- ☐ あなたが婚約したと知って驚いています。

02 部屋に案内されて

1. なんて〜な○○／なんて〜なんだろう ◎13

- ☐ わあ、なんて素敵な部屋!
- ☐ なんて素敵な、大きな部屋!

1. Thank you for ···ing / Thank you for ～

☐ Thank you for having me.

☐ Thank you for your kindness.

☐ Thank you for your help.

☐ Thank you for the delicious dinner.

☐ Thank you for always being there for me.

☐ Thank you for always being nice to me.

2. be ～ to···

☐ I'm excited to be here.

☐ We're happy to have you here!

☐ I'm glad to see you.

☐ I'm sad to hear that.

☐ I'm sorry to hear that.

☐ I'm surprised to know that you got engaged.

1. What ～ ○○ / How ～ (of [人] to···)

☐ Wow, what a lovely room!

☐ What a nice, big room!

Chap.1	実践トレーニング

- [ ] なんておいしい食事!

- [ ] なんて壮大な眺め!

- [ ] あなたはなんて親切なの!

- [ ] そんな風に言ってくれるなんて優しいね。

- [ ] そんなことを言うなんて、彼はなんて失礼なんだろう。

2. ひとり暮らしです／〜と住んでいます

- [ ] ひとり暮らしです。

- [ ] 家族と住んでいます。

- [ ] ペットの猫2匹と住んでいます。

- [ ] 家族と義理の両親と住んでいます。

- [ ] 彼氏と住んでいます。

- [ ] 夫と2人だけで住んでいます。

03 家庭のルール

1. 遠慮なく…してね ⑤ 14

- [ ] 質問があれば遠慮なく聞いてね。

- [ ] いつでも電話してね。

- [ ] 遠慮なく断ってくれていいからね。

- [ ] 遠慮せず何でも聞いて。

- [ ] What a delicious meal!

- [ ] What a magnificent view!

- [ ] How kind of you!

- [ ] How sweet of you to say so.

- [ ] How rude of him to say such a thing.

2. I live by myself(alone) / I live with ～

- [ ] I live by myself. / I live alone.

- [ ] I live with my family.

- [ ] I live with my two cats.

- [ ] I live with my family and in-laws.

- [ ] I live with my boyfriend.

- [ ] I live alone with my husband.

1. Feel free to ⋯ / Don't hesitate to ⋯

- [ ] Feel free to ask me any questions.

- [ ] Feel free to call me anytime.

- [ ] Feel free to say no.

- [ ] Don't hesitate to ask me anything.

Chap.1	実践トレーニング

- [ ] 質問があるときは遠慮なくさえぎってください。

04　日本のおみやげ

1. すべきだった／すべきではなかった　◎15

- [ ] そんな、いいのに!
- [ ] わざわざこんなことまでしてくれなくてもよかったのに。
- [ ] あなたにも見せたかったよ。
- [ ] 来るんじゃなかった。
- [ ] 本当のことを言えばよかった。
- [ ] もっと早く言ってくれればよかったのに。
- [ ] 傘を持ってくるべきだった。

2. 〜で嬉しい；〜でよかった

- [ ] 来てくれてうれしいよ。
- [ ] 電話をくれてうれしいよ。
- [ ] やってよかった。
- [ ] 後で「やってよかった」と思うはずだよ。
- [ ] よくぞ聞いてくれました。
- [ ] 気に入ってもらえてよかった。
- [ ] この映画を選んで本当によかった!

☐ Don't hesitate to interrupt me when you have a question.

1. should've(should have) ⋯ / shouldn't have ⋯

☐ Oh, you shouldn't have!

☐ You shouldn't have gone to all this trouble.

☐ You should've seen it.

☐ I shouldn't have come.

☐ I should've told the truth.

☐ You should've told me earlier.

☐ I should've brought an umbrella.

2. I'm glad (that) ～

☐ I'm glad you came.

☐ I'm glad you called me.

☐ I'm glad I did it.

☐ You'll be glad you did.

☐ I'm glad you asked.

☐ I'm glad you liked it.

☐ I'm so glad we chose this movie!

Chap.1 | **実践トレーニング**

05 学生? 社会人?

1. 将来の夢や計画 ◎ 16

☐ 将来はセラピストになりたい。

☐ 卒業後は高校教師になるんだ。　※すでに決まっている予定

☐ ついに司法試験に受かったから弁護士になるんだ。

☐ 心療内科医になるために心理学を学んでいます。

☐ 美容師になるために美容学校に行きます。

☐ いつか自分のサロンを開くのが夢です。

☐ 夢は人を助けること。外科医になりたいんだ。

2. 〜おめでとう

☐ 転職おめでとう!

☐ 就職おめでとう!

☐ 昇進おめでとう!

☐ ご退職おめでとうございます。

☐ 大学入学おめでとう!

☐ 息子さんの小学校入学おめでとう!

☐ ご結婚おめでとう!

☐ ご出産おめでとう!

☐ 人生の新たな門出、おめでとうございます!

1. Future dreams or plans

☐ I want to be a therapist in the future.

☐ I'm going to be a high school teacher after I graduate.

☐ I finally passed the bar exam so I'm going to be a lawyer.

☐ I'm studying psychology to be a psychotherapist.

☐ I'm going to beauty school to be a hairstylist.

☐ My dream is to open my own salon someday.

☐ My dream is to help people. I want to be a surgeon.

2. Congratulations on ～

☐ Congratulations on your new career!

☐ Congratulations on getting your first job!

☐ Congratulations on your promotion!

☐ Congratulations on your retirement.

☐ Congratulations on entering university!

☐ Congratulations on your son starting elementary school!

☐ Congratulations on your marriage!

☐ Congratulations on your baby!

☐ Congratulations on your new chapter of your life!

Chap.1 | **実践トレーニング**

06 仕事について

1. 仕事について語る ⓢ 17

- ☐ 大変な時もあるけどやりがいがあります。
- ☐ 挑戦しがいがあって、常に成長できます。
- ☐ ストレスが多くて疲弊します。
- ☐ 面白くて、毎日学ぶことがたくさんあります。
- ☐ 変化がなくて退屈です。

2. 〜に違いない

- ☐ そうでしょうね。
- ☐ それは大変だろうね。
- ☐ あなたはスティーブンスさんですね。
- ☐ お疲れでしょう。
- ☐ 娘さんのこと、鼻が高いでしょう。
- ☐ あなたの赤ちゃんはきっとすごく可愛いんだろうな。

3. 無生物主語

- ☐ 子供たちの笑顔にエネルギーをもらっています。
- ☐ この映画は泣ける。
- ☐ カフェインを取ると頭痛になるの。

1. Talking about your job

- [ ] **It's sometimes tough but rewarding.**
- [ ] **It's challenging and keeps me growing.**
- [ ] **It's stressful and exhausting.**
- [ ] **It's interesting and I can learn a lot every day.**
- [ ] **It's monotonous and boring.**

2. must be ～

- [ ] **It must be so.**
- [ ] **That must be tough.**
- [ ] **You must be Mr. Stevens.**
- [ ] **You must be tired.**
- [ ] **You must be proud of your daughter.**
- [ ] **Your baby must be so pretty.**

3. Inanimate subject

- [ ] **Children's smiles give me energy.**
- [ ] **This movie makes me cry.**
- [ ] **Caffeine gives me headaches.**

Chap.1　実践トレーニング

- ☐ この写真を見ると懐かしくなる。
- ☐ この場所にくるとたくさんの思い出がよみがえる。
- ☐ この歌を聞くと元カレを思い出す。
- ☐ 虫を見るだけでパニクってしまう。
- ☐ パンが焼けるにおいをかぐととても幸せになる。

4. 職業を説明する

- ☐ 貿易会社で事務をしています。
- ☐ 国語（日本語）教師です。
- ☐ 会社を経営しています。
- ☐ 子供たちにピアノを教えています。
- ☐ 広報です。
- ☐ 経理です。

07　アメリカは初めて？

1. 現在完了1<継続>　🔊18

- ☐ アメリカ映画を見て以来ずっと来てみたかったんです。
- ☐ エマのことは赤ちゃんのときから知っているよ。
- ☐ 彼女とは20年以上の知り合いです。
- ☐ 2年ほどロンドンに住んでいます。

- [ ] This photo makes me feel nostalgic.

- [ ] This place brings back so many memories.

- [ ] This song reminds me of my ex-boyfriend.

- [ ] Just the sight of bugs freaks me out.

- [ ] The smell of bread baking makes me so happy.

4. Explain your work

- [ ] I do clerical work at a trading company.

- [ ] I teach Japanese. / I'm a Japanese teacher.

- [ ] I run a company.

- [ ] I teach piano to children.

- [ ] I'm in PR.　※PR=public relations

- [ ] I'm in accounting. / I do accounting work.

1. Present perfect 1

- [ ] I've wanted to come here ever since I saw some American movies.

- [ ] I've known Emma since she was a baby.

- [ ] I've known her for more than 20 years.

- [ ] I've been living in London for about two years.
  ※一時的に住んでいる場合は進行形OK

Chap.1 | **実践トレーニング**

08 食べられないもの

1. 〜アレルギーです ◎19

☐ 魚卵アレルギーがあるんです。

☐ 牡蠣アレルギーなんです。

☐ 乳製品アレルギーです。

☐ 小麦アレルギーです。

☐ 花粉症です。

☐ 数学アレルギー（数学嫌い）です。

09 歓迎ディナー

1. …な味／におい／見た目 ◎20

☐ どれもすごくおいしい。

☐ どれもまあまあの味だね。

☐ カレーがスパイシーでおいしそう。

☐ このパン、すごくいいにおい。

☐ まろやかな味だ。

☐ 変なにおいがする。

2. おかわり・追加の依頼

☐ もう一切れいただいてもいいですか?

☐ お水をもう少しもらえますか?

1. be allergic to ～

- ☐ I'm allergic to fish roe.
- ☐ I'm allergic to oysters.
- ☐ I'm allergic to dairy products.
- ☐ I'm allergic to wheat.
- ☐ I'm allergic to pollen.
- ☐ I'm allergic to math.

1. taste / smell / look …

- ☐ Everything tastes great.
- ☐ Everything tastes okay.
- ☐ The curry looks spicy and tasty.
- ☐ This bread smells so good.
- ☐ It tastes mild.
- ☐ It smells funny.

2. Asking for more / seconds / refill

- ☐ May I have another piece?
- ☐ Can I have some more water?

| Chap.1 | 実践トレーニング |

- ☐ 毛布をもう一枚いただけますか?
- ☐ パンのお代わりをいただけますか?
- ☐ スプーンをもう一本いただけますか?

10 食後のデザート

1. 同意フレーズ ◎ 21

- ☐ まったくその通り!
- ☐ あなたの言う通りだ。
- ☐ 完全に同意。
- ☐ まさしくそうだ。
- ☐ 本当にその通り。
- ☐ 的を射てる。

11 家電の使い方

1. …してもよろしいですか? ◎ 22

- ☐ シャワーを浴びてもいいですか?
- ☐ 明日の朝、洗濯機を使ってもいいですか?
- ☐ ペンを貸してもらえますか?
- ☐ お手洗いを借りてもいい?
- ☐ ちょっと聞いてもいいですか?
- ☐ ご予算を伺ってもよろしいですか?

- ☐ May I have another blanket?

- ☐ May I have more bread?

- ☐ May I have another spoon?

1. Phrases to agree

- ☐ Absolutely!

- ☐ You're right.

- ☐ Totally agree.

- ☐ Exactly.

- ☐ You can say that again.

- ☐ You're spot on.

1. May I ···?

- ☐ May I take a shower?

- ☐ May I use the washing machine tomorrow morning?

- ☐ May I use your pen?

- ☐ May I use the bathroom?

- ☐ May I ask you something?

- ☐ May I ask how much your budget is?

☕ Coffee Break

01

アマンダのモデル

　　私にはホームステイの経験はないのですが、大学3年の夏休みに4週間、語学研修でアメリカの大学の学生寮に滞在したことがあります。アメリカ人の学生たちが帰省している間に、寮と教室を解放し、外国人を受け入れる仕組みでした。

　　通常は日本人の学生も多いそうなのですが、私が行った時期はたまたま、日本人はほとんどいませんでした。私の寮では日本人は私一人で、ほとんどがヨーロッパ人。ルームメイトは「エステラ」という名前で、3つ年上のスペイン人女性でした。彼女はすらりと背が高く、ブロンドの髪に健康的な小麦色の肌をした、笑顔が素敵な女性で、本書に登場するホストシスター「アマンダ」のモデルになっています（笑）。

　　滞在初日、私は日本から持って行った小さなキーホルダーのおみやげを渡しました。和紙でデコレーションされた純和風のキーホルダーを見て、彼女は For me? Thank you…! Beautiful!! と感激してくれ、帰国後もずっと車に飾っていてくれたそうです。

　　逆に、ヨーロッパ人に不評だったおみやげもあります。

　　それは、「のりせんべい」と「チーズおかき」。「このおいしさは世界共通に違いない！」と思ってたくさん持って行ったのですが、夕方バルコニーでくつろいでいるときにみんなに配ったところ、見事に全員に苦い顔をされてしまいました。台湾人と韓国人の子たちは、「おいしいのにね～」と言って食べてくれたのでよかったですが……。おみやげを選ぶ際は、何が受けるか事前にリサーチしたほうがいいかもしれませんね。

CHAPTER 2

ランチ・
ショッピング・観光

Chap.2 01 スタバでお茶

スターバックスでドリンク注文。
店員さんの英語が聞き取れるかドキドキ。

こんにちは、何になさいますか?

Hi, what can I get for you?

パターンA

こんにちは、ショートで、カフェイン抜きのPikeをください。ショートサイズはありますか?

Hi, can I get a Short decaf Pike? Do you have size Short?

→

はいあります。
スペースは残しますか?

Yes we do.
Would you like room?

パターンB

こんにちは。トールサイズのグリーンティーフラペチーノで、上にシナモンをかけてもらえますか?

Hi. Can I get a Tall Green Tea Frappuccino with cinnamon on top?

→

かしこまりました。
お名前をいただけますか?

All right.
May I have your name?

Chap.2-01

はい、お願いします。

....

Yes, please.

莉子です。RIKO。

....

Riko. R-I-K-O.

 Words & Phrases

get
動 〜を買う；〜を得る

What can I get for you?
何にいたしましょうか？

short
形 短い；背が低い

decaf
形 カフェイン抜きの
名 ノンカフェインの飲料
※decaffeinated の略

room
名 余地；部屋

with 〜 on top
〜を上にのせて

all right
大丈夫で；結構で

May I have 〜?
〜をいただけますか

Chap.2-01
スタバでお茶

解　説

Hi, what can I get for you?
「こんにちは、何になさいますか?」

What would you like?「何がほしいですか?」や What can we make for you?「何をお作りしましょうか?」という言い方もあります。

Hi, can I get a Short decaf Pike?
「こんにちは、ショートで、カフェイン抜きのPikeをください」

Can I get(have) 〜? は「〜をもらえますか?」というニュアンス。他には、I'd like 〜.「〜をください」、I'll have 〜(, please).「〜にします」も一般的な言い方です。Pike はコーヒーの銘柄、Pike Place® Roast の略。オーダーは「サイズ＋温度（hot / iced）＋商品名」の順で言いましょう。

I'll have a Tall, iced cappuccino, please.　「トールのアイスカプチーノをください」
Can I have a Grande, hot Vanilla Latte?　「グランデのホットバニララテをください」

Do you have size Short?
「ショートサイズはありますか?」

サイズは大きい順に Trenta「トレンタ」、Venti「ヴェンティ」、Grande「グランデ」、Tall「トール」、Short「ショート」。ショートは記載されていなくても、注文はできます。トレンタは海外でしか販売されていない特大サイズ（917ml）! メニューにない場合も遠慮なく Do you have 〜? と聞いてみましょう。

Would you like room?
「スペースは残しますか?」

ここでの room は可算名詞の「部屋」ではなく、不可算名詞の「余地」という意味。Chap.1-10 で出てきた room for dessert「デザートは別腹」と同じです。コーヒーショップでホットコーヒーを注文すると、このように聞かれることがありますが、この場合は「後から自分でミルクやクリームを入れるためのスペース」を指します。

Chap.2-01

答え方は Yes, please.「はい、お願いします」、または No, thanks.「いいえ、結構です」でOK。
他にも、コーヒーショップで聞かれそうなフレーズをチェックしておきましょう。

Would you like whip(whipped cream)? 「ホイップクリームはおつけしますか?」
Would you like it hot or iced? 「ホットにしますか、アイスにしますか?」
Would you like it sweetened? 「甘くしますか?」

Can I get a Tall Green Tea Frappuccino with cinnamon on top?
「トールサイズのグリーンティーフラペチーノで、上にシナモンをかけてもらえますか?」

何かを追加したい場合は with 〜、抜きたい場合は without 〜。量をカスタマイズしたい場合は、extra / light 〜「〜多め／控えめ」という言い方が便利。
＜カスタマイズ例＞
with whip / with extra whip / without whip「ホイップ付きで／ホイップ多めで／ホイップなしで」
with light ice / without ice「氷少なめで／氷なしで」
with an extra shot[two extra shots]「1ショット[2ショット]追加で」
with a pump[two pumps] of vanilla / chocolate / peppermint「バニラ／チョコレート／ペパーミントを　1ポンプ[2ポンプ]追加で」
with soymilk「豆乳で」　without syrup「シロップ抜きで」

Can I have a Tall Green tea latte without syrup and with two extra shots?
「トールサイズのグリーンティーラテを、シロップ抜き、2ショット追加でもらえますか?」
Can I have an iced latte with light ice and extra milk?
「アイスのラテを、氷少なめ、ミルク多めでもらえますか?」

May I have your name?
「お名前をいただけますか?」

カップに名前を書くために名前を聞かれることがあります。分かりやすいように短いニックネームを言うか、Riko. R-I-K-O. のように、スペルも併せて伝えると親切。

77

Chap.2 02 サブウェイでランチ

サブウェイでランチを調達。パンや具をいろいろ選んでカスタマイズできるのが魅力だけど、その分注文するのに緊張しちゃう。

こんにちは、何になさいますか?
Hi, what would you like?

パターンA

こんにちは。6インチ（レギュラー）のスイートオニオンチキン照り焼きをください。

Hi. Can I have a 6-inch Sweet Onion Chicken Teriyaki?

→

はい。パンの種類は?

OK. On what type of bread?

パターンB

こんにちは。フットロングのローストビーフを、9穀ウィートパンでください。チーズはなしで。

Hi. Can I get a foot-long Roast Beef on the 9-grain wheat? No cheese, please.

→

はい。他には何を入れますか?

OK. What else in it?

Chap.2-02

どんな種類のパンがありますか？

What type of bread do you have?

玉ねぎとハラペーニョ以外は全部でお願いします。ピクルスを大目にしてもらえますか？

Everything but onions and jalapenos, please.
Can I get extra pickles?

Words & Phrases

inch
名 単位 インチ（1インチ≒2.54cm）

foot
名 （くるぶしから下の）足
単位 フィートの単数形
1フィート≒30.5cm

foot-long
形 1フィートの長さの

grain
名 穀物；一粒

wheat
名 小麦

else
形 その他の
副 他に；さもないと

but
接 しかし
前 ～以外の；～を除いて

jalapeno
名 ハラペーニョ（メキシコの唐辛子）

extra
形 余分な
名 余分なもの；追加料金

79

Chap.2-02
サブウェイでランチ

解　説

Can I have a 6-inch Sweet Onion Chicken Teriyaki?
「6インチ（レギュラー）のスイートオニオンチキン照り焼きをください」

まずはパンのサイズを選びます。種類は 6-inch（約15cm）と foot-long（約30cm）の2つ。前者は日本では「レギュラー」、後者はそのままカタカナにして「フットロング」といいます。先に店員さんの方から 6-inch or footlong?「6インチですか、フットロングですか?」、または Which size?「どちらのサイズですか?」と聞かれることも。

On what type of bread?
「パンの種類は?」
What type of bread do you have?
「どんな種類のパンがありますか?」

what type(kind) of bread で「どの種類のパン」という意味。on が前についているので、正確には「どの種類のパンの上に（具をのせますか）?」という意味です。What type(kind) of bread? または Which bread?「どのパンで?」とだけ聞かれることも。
どんな種類があるのか聞きたい場合は、What type(kind) of bread do you have? またはシンプルに What do you have?「何がありますか?」でもいいでしょう。ドレッシングやジャム、ドリンクなど、さまざまなものに応用して使えます。

Can I get a foot-long Roast Beef on the 9-grain wheat? No cheese, please.
「フットロングのローストビーフを、9穀ウィートパンでください。チーズはなしで」

このように、あらかじめ「サイズ＋メニュー＋on パンの種類」で伝えられるとよりスムーズですね。

EXAMPLE
Can I have a 6-inch Steak & Cheese on flat bread?
「ステーキ＆チーズをフラットブレッドでもらえますか?」

Chap. 2-02

サイズとパンの種類を伝えたら、次はチーズやその他トッピング（ベーコンやペペロニなど）を聞かれます。追加したい場合は Swiss cheese, please.「スイスチーズで」などと答えればOK。何も要らない場合は No cheese, please. と答えましょう。

続いて、Do you want(Would you like) it toasted?「パンをトーストしますか？」、または Toasted?「トーストで？」と聞かれます。これも答え方は Yes, please.「はい、お願いします」/ No, thank you.「いいえ結構です」

What else in it?
「他には何を入れますか？」
Everything but onions and jalapenos, please. Can I get extra pickles?
「玉ねぎとハラペーニョ以外は全部でお願いします。ピクルスを大目にしてもらえますか？」

サブウェイでは野菜の種類が豊富で、好きなだけ追加することができます。What else in it?「他には何を入れますか？」の他に、Do you want it with everything?「全部入れますか？」と聞かれることも。

入れたいものが少ない場合は1つずつ言い、ほぼ全種類入れたい場合は everything but(except) ～「～以外全部」という言い方が便利です。

Everything, please. 「全部で」
Just tomatoes, please. 「トマトだけで」

最後にソース、ドレッシング、塩コショウをかけるかどうかを聞かれます。

Salt, pepper and light mayonnaise, please. 「塩コショウとマヨネーズを少なめで」
Mayo and a little pepper, please. 「マヨネーズと、コショウ少々で」

これでカスタマイズ終了！ ドリンクやサイドメニューを注文して終わりです。
ドリンクは、「drink fountain」と呼ばれるドリンクバーから好きなものを選びましょう。

たとえばサブウェイの場合、公式サイトの How To Order というページで注文の流れを確認することができます。
チェーン店に限らず、公式サイトがあるお店なら、事前に確認して注文したい候補をいくつか決めておくのもおすすめです。

Chap.2 03 ハンバーガーショップ

今日は人気ハンバーガーショップでランチ。メニューを見ながらなので注文は簡単かも。

今日は何になさいますか？

How can I help you today?

パターンA

ダブルチーズバーガーとMサイズのポテトをください。

Can I get a double cheese burger and one medium French fries?

セットにいたしますか？

Would you like to make it a combo?

パターンB

Mサイズのハンバーガーセットで、飲み物はダイエットコークください。

Can I get a medium hamburger meal with a Diet Coke, please?

かしこまりました。他にご注文は？

All right. Anything else?

Chap.2-03

単品でお願いします。

....

Just the sandwich, please.

以上です、ありがとう。

....

That's all, thanks.

Words & Phrases

How can I help you?
いらっしゃいませ；どうされましたか？

medium
名 （サイズが）真ん中の；中くらいの；（肉の焼き加減が）ミディアムの

French fries
フライドポテト

sandwich
名 サンドイッチ；パンとパンで具を挟んだサンドイッチ状のもの

just the sandwich
単品で ※バーガーでも sandwich と言います

combo, meal
名 組み合わせ；セットメニュー ※「セット」は和製英語

Anything else?
何か他には（ございますか）？

That's all
以上です

Chap.2-03
ハンバーガーショップ　　|　　解　説

Can I get a double cheese burger and one medium French fries?
「ダブルチーズバーガーとMサイズのポテトをください」

サイズを表すS、M、Lは和製英語なので注意しましょう。
S＝small、M＝medium、L＝large、XS＝extra-small、XL＝extra-large と言います。
「フライドポテト」はアメリカ英語では（French）fries ですが、イギリス英語では chips。イギリス名物「フィッシュ・アンド・チップス」の chips と関連づけて覚えておきましょう。

＜英米の単語の違い＞
フライドポテト　（米）(French) fries　（英）chips
ポテトチップス　（米）chips（英）crisps

Would you like to make it a combo?
「セットにいたしますか?」
Just the sandwich, please.
「単品でお願いします」

「単品」＝(just) the sandwich、「セット」＝combo または meal という言い方は必ず覚えておきましょう。「セット」は和製英語です。アメリカのファーストフード店の多くでは、サンドイッチだけでなくバーガーも sandwich と言うのが一般的（発音は[サ'ン(d)ウィッチ]）。パンに具を挟んであるものはすべて sandwich という分類のようです。

Can I get a medium hamburger meal with a Diet Coke, please?
「Mサイズのハンバーガーセットで、飲み物はダイエットコークください」

バーガーショップの場合、メニューから選んで言うだけなので、注文は比較的ラクです。セットメニューに番号がついている場合は、Can I get a number 3? と伝えてもOK。

Chap.2-03

Can I have a large cheeseburger meal with an iced tea?
「チーズバーガーセットのLを、アイスティーでください」
Can I get a kid's hamburger meal with an apple juice?
「キッズメニューのハンバーガーセットを、アップルジュースでください」
Can I also get a 4 piece chicken nuggets?
「4ピース入りのチキンナゲットももらえますか?」

他にも、バーガーショップでよく使われるフレーズをご紹介しましょう。

For here or to go?　※イギリス英語では Eat(Have) here or take away?
「こちらでお召し上がりですか、お持ち帰りですか?」
For here, please.(Eat here, please.)　「こちらで」
To go, please.(Take away, please.)　「持ち帰りで」
What size combo[fries] would you like?　「何サイズのセット[フライドポテト]にしますか?」
What's your drink?　「ドリンクは何にいたしますか?」
Would you like ketchup with that?　「ケチャップもおつけしますか?」
That's going to(gonna) be 8.75 dollars.　「お会計は8ドル75セントになります」

Anything else?
「他にご注文は?」
That's all, thanks.
「以上です、ありがとう」

Anything else? と聞かれたときの答え方は That's all. の他に、That's it. や No, I'm good.「いえ、大丈夫です」、That should do it.「それで十分です」などもよく使われています。

注文するときの言い方はたくさんありますが、すべて覚える必要はありません。言いやすいものを1つ2つ選んで練習し、考えなくてもパッと出てくるようにしましょう。

I'll have ～(, please).
I'd like ～(, please).
Can(Could) I have ～(, please)?
Can(Could) I get ～(, please)?
※Could はとても丁寧なので、高級レストランなど

Chap.2 04 レストランでおひとりさまランチ

今日は地元のレストランで
おひとりさまランチしてみた。

ご注文はお決まりですか？

Hi, are you ready to order?

パターンA

はい。BLTサンドイッチとスコーンをください。カフェイン抜きの飲み物は何かありますか？

Yes. I'll have a BLT sandwich and a scone. Do you have any decaf drinks?

はい、カフェイン抜きのコーヒー、ラテと、ハーブティーが何種類かございます。

Yes, we have decaf coffee, latte and some herbal teas.

パターンB

はい。ペッパーステーキランチセットをください。

Yes. I'll have a Pepper Steak Lunch Combo, please.

かしこまりました。ステーキの焼き具合はいかがいたしますか？

Certainly. How would you like your steak?

Chap.2-04

いいですね。ハーブティーはどんな種類がありますか？

Great. What kind of herbal teas do you have?

ミディアムレアで。

Medium rare, please.

Words & Phrases

be ready to…
…する準備ができている；すぐに…できる

BLT
ベーコン・レタス・トマトの略

scone
名 スコーン

decaf
形 カフェイン抜きの
名 カフェイン抜きの飲料
※decaffeinated の略。

herbal
形 ハーブの

certainly
間投 確かに；かしこまりました

How would you like 〜?
〜をどのようにいたしますか？

medium-rare
形 （肉の焼き加減が）ミディアム・レアの

87

Chap.2-04
レストランでおひとりさまランチ

解　説

Hi, are you ready to order?
「ご注文はお決まりですか？」

まだ決まっていないときの会話フレーズも覚えておきましょう。

Sorry, I need a little more time. 「すみません、もう少し時間をください」
Please let me know when you're ready. 「お決まりになりましたらお知らせください」
Excuse me, I'm ready to order. 「すみません、注文お願いします」

他にも、覚えておくと便利なフレーズをご紹介します。

That's all for now. 「とりあえず以上です」
I'd like to order again. 「追加で注文したいのですが」
Can I add a Cobb salad to my order? 「コブサラダも追加してもらえますか？」
Can I cancel[change] my previous order?
「先ほどの注文をキャンセル[変更]できますか？」
Can I see the menu? 「メニューを見せてもらえますか？」

何を注文していいか分からないときは、What do you recommend?「何がおすすめですか？」とアドバイスを求めたり、What's today's special?「今日の特別メニューは何ですか？」、What's the house specialty?「このお店の名物は何ですか？」と聞いてもいいですね。
メニューを見てもどんな料理か分からないときは What's this like?「これはどんなものですか？」、辛いものが苦手な人は Is this spicy(hot)?「これは辛いですか？」と確認しましょう。spicy は香辛料（スパイス）がきいたピリッとした辛さ、hot は「熱い」や、口の中や体が熱くなるような辛さを指します。

I'll have a BLT sandwich and a scone.
「BLTサンドイッチとスコーンをください」
I'll have a Pepper Steak Lunch Combo, please.
「ペッパーステーキランチセットをください」

これまでに登場した Can I have(get) 〜? でももちろんOK。格式高いレストランではより丁寧な Could I have 〜? がおすすめです。I'll have 〜 や I'd like 〜 はどこでも問題なく使えるフレーズです。

Chap.2-04

I'll have this and this. 「これとこれください」 ※メニューを指さして
I'll have the same, please. 「私も同じものをください」 ※前の人と同じものを頼むとき
Make it two, please. 「それを2つで」 ※前の人と同じものを頼むカジュアルな言い方

What kind of herbal teas do you have?
「ハーブティーはどんな種類がありますか？」

サイドディッシュや飲み物、調味料などはたいてい、種類が豊富。そんなときはこのフレーズを使いましょう。シンプルに What do you have?「何がありますか？」や What are the choices?「何が選べますか？」と聞いてもOKです。

What kind of salads do you have? 「サラダはどんな種類がありますか？」
What kind of sauce do you have? 「ソースはどんな種類がありますか？」

How would you like your steak?
「ステーキの焼き具合はいかがいたしますか？」
Medium rare, please.
「ミディアムレアで」

How would you like your ～? で「あなたの～をどのようにいたしましょうか？」という意味。答え方は I'll have it ～. / I'd like it ～. でもいいですが、シンプルに ～, please. でも十分です。ちなみにステーキの焼き加減は、rare（3割くらい焼いた状態）、medium rare（5割くらい）、medium（7割くらい）、well-done（完全に火を通した状態）の4種類が一般的です。

How would you like your eggs? 「卵はいかがいたしましょうか？」
I'd like it scrambled. 「スクランブルエッグにしてください」
Poached, please. 「ポーチドエッグでお願いします」

89

Chap.2 05 食事の感想とデザート注文

おひとりさまランチを終えて、食後のドリンクを飲みながらほっと一息。そこへ店員さんがやってきた。

問題ございませんか?

Is everything OK?

パターンA

はい、どれもおいしいです。特にスープが気に入りました。

Yes, everything tastes good. I especially liked the soup.

→

ありがとうございます。何かデザートはいかがですか?

Thank you. Would you like something for dessert?

パターンB

はい、このコーヒー、本当においしいですね! 何かデザートはありますか?

Yes, this coffee is really good! Do you have any dessert?

→

ありがとうございます。本日はアップルパイ、シフォンケーキ、ラズベリータルトがございます。

Thank you. We have apple pies, chiffon cakes and raspberry tarts today.

Chap.2-05

いいですね。
デザートのメニューを見せてもらえますか?

That'd be good.
Can I see the dessert menu?

どれも魅力的で決められないです…どれがおすすめですか?

They are all appealing and it's hard to choose...What's your recommendation?

Words & Phrases

Is everything OK?
問題ございませんか?;すべて順調ですか?

taste good
おいしい

especially
副 特に

chiffon cake
名 シフォンケーキ

tart
名 タルト

appealing
形 魅力的な

hard to choose
選ぶのが難しい

recommendation
名 推薦;おすすめのもの;推薦状

91

Chap.2-05
食事の感想とデザート注文 — 解 説

Is everything OK?
「問題ございませんか?」

How's(How is) everything? もよく言われます。
こう聞かれたときに、リクエストやクレームを伝えるフレーズも覚えておきましょう。

<リクエスト>
Could I have a refill for my wine? 「ワインのお代わりをいただけますか?」
Could I have another cup of coffee? 「コーヒーをもう一杯いただけますか?」
Could you wrap this up for me? 「これを包んでいただけますか?」
Could I have a box for this? 「持ち帰り用の箱をいただけますか?」
<クレーム>
This isn't what I ordered. 「これは注文したものではありません」
I didn't order this. 「これは注文していません」
My order hasn't come yet. 「注文したものがまだ来ていません」
I'm still waiting for my salad. 「サラダをずっと待っているのですが」

Yes, everything tastes good.
「はい、どれもおいしいです」
I especially liked the soup.
「特にスープが気に入りました」
This coffee is really good!
「このコーヒー、本当においしいですね!」

味やサービスに満足したときは、ぜひ感想を伝えましょう。いくつかフレーズをご紹介しますので、イメージしながら練習してみてください。

Everything is great, thank you. 「すべてが素晴らしいです、ありがとう」
I've never had anything like this before. 「このようなものは食べたことがありません」
This is so flavorful. 「これはとても風味豊かです」
I'd like to come again. 「また来たいです」
Thank you for a lovely meal. 「素敵な食事をありがとうございます」
My compliments to the chef. 「シェフに素晴らしかったとお伝えください」

Would you like something for dessert?
「何かデザートはいかがですか?」

Would you like 〜? は「〜はいかがですか?(ほしいですか?)」という意味で、何かを勧めるときの定番の言い方です。

Would you like something to drink?　「何かお飲み物はいかがですか?」
Would you like an aperitif?　「食前酒はいかがですか?」

They are all appealing and it's hard to choose…
「どれも魅力的で決められないです…」
What's your recommendation?
「どれがおすすめですか?」

「決められない」の言い方は、it's hard to choose の他に、I can't make up my mind which one to chose.「どれを選べばよいか決心がつかない」、I'm still debating.「まだ迷い中です」という言い方も。
「どれがおすすめですか?」は、動詞の recommend「〜をすすめる」を使って What do you recommend? と言うこともできます。
食事を終えて会計するまでのフレーズも覚えておきましょう。

Have you finished?　Yes. / Not yet.　「お済みですか?」「はい／いいえ、まだです」
Check, please. / Bill, please.　「お勘定お願いします」　※bill はイギリス英語
Do you accept(take) credit cards?　「クレジットカードは使えますか?」
There is a mistake on the bill.　「伝票に間違いがあります」

尚、チップは英語で tip ですが、service charge「サービス料」または gratuity「心付け」という言い方もあります。勘定書に tips / service charge / gratuity included「チップ(サービス料)込」と書かれている場合は、それ以上上乗せしないよう注意しましょう。

Chap.2 06 ショッピング

空き時間にウィンドウショッピング。
ただ見るだけのつもりが…。

いらっしゃいませ、何かお探しですか？
Is there anything I can do to help?

パターンA

はい、ショーウィンドウにあるバッグを見せていただけますか？

Yes, can I take a look at the bag in the window, please?

→

かしこまりました。
どうぞ。

**Sure.
Here you are.**

パターンB

はい、このワンピースを試着してもいいですか？

Yes, may I try on this dress?

→

もちろんです。
…いかがですか？

**Sure.
…How is it?**

Chap.2-06

すごくかわいいですね！
これの色違いはありますか？

This is so cute! Do you have this in different colors?

私にはちょっと長すぎるみたい。もっと小さいサイズはありますか？

It seems to be a little too long for me.
Do you have a smaller size?

Words & Phrases

take a look at ～
～をちらっと（ざっと）見る

window
名 窓；陳列窓；ショーウィンドウ

cute
形 かわいらしい

in different colors
違う色で

try on ～
～を試着する；着てみる

dress
名 ワンピース；ドレス　※「ワンピース」は one-piece dress とも

seem to …
…のようだ

(a little) too ～
（ちょっと）～すぎる

Chap.2-06
ショッピング

解説

Is there anything I can do to help?
「いらっしゃいませ、何かお探しですか?」

直訳すると「何かお手伝いできることはありますか?」
店員さんの定番フレーズとしては、May I help you? / How may I help you?
「お手伝いいたしましょうか?」などもありますね。ヘルプが要らないとき、一人で
ゆっくり見たいときの返答例をご紹介します。

No thanks.　「いいえ結構です」
Maybe later, thanks.　「ありがとう、後でお願いします」
I'm just looking, thanks.　「見ているだけです、ありがとう」

Can I take a look at the bag in the window, please?
「ショーウィンドウにあるバッグを見せていただけますか?」

take a look at ～ は「～をちらっと見る」というニュアンスです。「ちょっと～を見
てくれる?」と頼みたい場合は、Can you take a look at ～? と言いましょう。

This is so cute!
「すごくかわいいですね!」

cute の他にも、服飾を褒めるときのいろいろな形容詞を覚えておきましょう。

beautiful「美しい；きれいな」　chic「シックな；あか抜けた」
elegant「上品な；優雅な」　feminine「女性らしい」　gorgeous「華やかな」
colorful「カラフルな」　vivid「色鮮やかな」　flashy「派手な」
low-key「控えめな」　laid back「くつろいだ；リラックスした」
in style「流行の」　out of style「流行遅れの」
trendy「最先端の；トレンディーな」　timeless「時代を超えた；不朽の」
classic「上品でシンプルな；流行にとらわれない」　childish「子供っぽい」
perfect for formal events / less-formal events / summer vacation
「フォーマルなイベント／あまりフォーマルでないイベント／夏休み　にぴったりの」

Chap.2-06

Do you have this in different colors?
「これの色違いはありますか?」

特定の色があるかどうか聞きたい場合は、Do you have this in pink / red / blue?「これのピンク／赤／青はありますか?」と聞けばいいでしょう。

May I try on this dress?
「このワンピースを試着してもいいですか?」

手に持っている品物を見せて、シンプルに May I try this(it) on? でもOK。必ず一言断ってから fitting room「試着室」に案内してもらいましょう。

It seems to be a little too long for me.
「私にはちょっと長すぎるみたい」

(a little) too short / big / small なら「（ちょっと）短すぎる／大きすぎる／小さすぎる」という意味に。感想を具体的に伝えるためのフレーズを他にも覚えておきましょう。

> It's too loose / tight around the waist. 「ウエストがゆるすぎます／きつすぎます」
> The sleeves / hems are too short / long. 「袖／裾　が　短すぎ／長すぎ　ます」
> It fits me perfectly. / It's just my size. 「ちょうどぴったりです」

Do you have a smaller size?
「もっと小さいサイズはありますか?」

大きいサイズを聞くときは、Do you have a larger size?「もっと大きなサイズはありますか?」。サイズ違いがあるか聞きたい場合は、Do you have this in small / medium / large?「これのS／M／Lサイズはありますか?」となります。S・M・Lは和製英語なので注意しましょう。

Chap.2 07 道を尋ねる

🔴 29

道に迷ってキョロキョロしていたら、地元の人が声をかけてくれた。

こんにちは。何かお探しですか？
Hi. Are you looking for something?

パターンA

はい、ここから一番近いメトロの駅への行き方を教えていただけますか？

Yes, could you tell me how to get to the nearest Metro station?

→ この道をまっすぐ行って、角で右に曲がったら、左手にバーモント駅が見えますよ。

Go straight this way, turn right at the corner and you'll see Vermont Station on your left.

パターンB

はい。（地図を見せて）もし場所をご存知でしたら、このお店への行き方を教えていただけますか？

Yes. (Showing a map) Could you tell me the way to this store if you know where it is?

→ どれどれ…ああ、すみません、分からないや。

Let me see it…Oh, I'm sorry, I don't know.

どうもありがとうございます。よい一日を！

Thank you so much.
Have a good day!

分かりました、ありがとう。他の人に聞いてみます。

OK, thanks.
I'll ask someone else.

Words & Phrases

look for ～
～を探す

get to ～
～に到着する

nearest
形 最も近い
※near（近い）の最上級

Metro
メトロ ※小文字の metro は一般名詞で「地下鉄」

go straight
まっすぐ行く

turn right
右に曲がる

on one's left
～の左手に

the way to ～
～への道

let me see
ええと；そうですね；見せて

someone else
他の誰か

Chap.2-07
道を尋ねる

解説

Are you looking for something?
「何かお探しですか？」

他にも、Do you need any help?「何かお手伝いしましょうか？」、Can I help find your way?「道を探すのをお手伝いしましょうか？」と聞いてもいいですね。

Could you tell me how to get to the nearest Metro station?
「ここから一番近いメトロの駅への行き方を教えていただけますか？」

tell は「口頭で説明して教える」、show は「見せて教える」というニュアンス。show me the way と言うと、指し示して教えるイメージです。

Go straight this way, turn right at the corner and you'll see Vermont Station on your left.
「この道をまっすぐ行って、角で右に曲がったら、左手にバーモント駅が見えますよ」

道案内で使える基本フレーズを押さえておきましょう。

go past / pass through 「〜を通り過ぎる」 go along 「〜に沿って歩く」
go diagonally right / left 「斜め右／左 に進む」
turn right / left 「右／左 に曲がる」 cross the street 「通りを渡る」
It's next to / opposite / across from 〜 「〜の 隣／反対側／通りを挟んで向かい側 にあります」
It's at the end of this street. 「この通りの終わりにあります」
Shall I draw a map? 「地図を描きましょうか？」
You can't miss it. 「すぐにわかりますよ」
It's quite(pretty) close. 「かなり近いです」
It's just around the corner. 「すぐそこの角にあります」
It takes about 10 minutes on foot / by bus. 「歩いて／バスで　10分くらいです」
It's about 10-minute walk / drive. 「徒歩／車で　10分くらいです」
It's too far to walk there. 「歩くには遠すぎます」
You should take a taxi / bus. 「タクシー／バス　に乗った方がいいですよ」

Have a good day!
「よい一日を!」

英語圏では、ちょっと会話を交わしただけの初対面の人にも、気軽に Have a good day(one)! と声をかけます。このように言われたら Thanks, you too!「ありがとう、あなたもね!」と返しましょう。夕方なら Have a good evening(night)! ちなみに、クシャミをすると Bless you!「お大事に!」と言われることが多いので、その際も Thank you. を忘れずに。

Could you tell me the way to this store if you know where it is?
「もし場所をご存知でしたら、このお店への行き方を教えていただけますか?」

where it is は「それがどこにあるか;それの場所」という名詞節。"where＋主語＋動詞"という語順に注意しましょう。

I'm sorry, I don't know.
「すみません、分からないや」

道を聞かれたけれど分からないときのフレーズも、いくつか覚えておくと便利です。

I'm not from here. / I'm just visiting here. / I'm a stranger here.
「この辺の者ではないんです」
I'm not familiar with this area.　「この辺りはくわしくないんです」

I'll ask someone else.
「他の人に聞いてみます」

Shall I ask someone else?「他の人に聞いてみましょうか?」にすると、外国人観光客をサポートしたいときに使えますね。Let me google it for you.「Google (ネット)で調べてみましょう」と言ってスマホで調べてあげるのもおすすめです。

Chap.2 08 ロスの観光スポット

週末、アマンダが車で観光に連れて行ってくれることになった。

**どこか行きたいところはある?
車で連れて行ってあげられるよ。**

Is there anywhere you'd like to visit?
I can drive you there.

パターンA

ありがとう。映画のプリティ・ウーマンを見てから、ロデオドライブに行ってみたかったんだ。

Thank you.
I've wanted to go to Rodeo Drive since I saw the movie Pretty Woman.

いいよ。じゃあ、ビバリーウィルシャーホテルの近くのレストランでランチするのはどう?

OK. How about having lunch at a restaurant near the Beverly Wilshire Hotel, then?

パターンB

ありがとう。ハリウッド・サインが見えるどこかいい場所に連れて行ってもらえるかな?

Thank you. Could you take me to a good spot where we can see the Hollywood Sign?

いいわよ! レイクハリウッドパークに行きましょう、サインが近くに見えるから。

Sure! Let's go to the Lake Hollywood Park, where you can see it close.

Chap.2-08

なんて楽しそうなの！
ありがとうアマンダ。忘れられない一日になるわ。

How exciting! Thank you, Amanda. It's going to be an unforgettable day.

ありがとう！
サインを背景に入れて自撮りしたいな。

Thanks!
I want to take a selfie with the Sign in the background.

Words & Phrases

drive [人] there
そこへ[人]を車で連れていく

How about …ing?
…するのはどうですか?

then
副 それなら；じゃあ

unforgettable
形 忘れられない；記憶に残る
※un-（否定を表す接頭辞）＋forget（忘れる）＋-able（〜できる）

take [人] to 〜
[人]を〜に連れて行く

see 〜 close
〜が近くに見える

selfie
名 自撮り写真

in the background
背景に

103

Chap.2-08
ロスの観光スポット

解　説

Is there anywhere you'd like to visit?
「どこか行きたいところはある?」

Chap.1-08で Is there anything you can't eat?「何か食べられない物はある?」という文が出てきましたが、同じ構文ですね。anything が anywhere になると、「~の場所はある?」という意味になります。

I can drive you there.
「車で連れて行ってあげられるよ」

"drive [人] to ~"で「[人]を車で~に連れて行く」という意味。この there は「そこへ;そこで」という意味の副詞なので、前置詞 to は要りません。

I drive my kids to school every morning.　「毎朝子供たちを車で学校に送っているの」
I'll drive you home.　「家まで車で送っていくよ」

I've wanted to go to Rodeo Drive since I saw the movie Pretty Woman.
「映画のプリティ・ウーマンを見てから、ロデオドライブに行ってみたかったんだ」

I've(I have) wanted to … は<継続>を表す現在完了で、「ずっと…したかった」。"since+過去の一時点"、"for+期間"とセットで使われることが多いです。

I've wanted to try skydiving for a long time.
「ずっとスカイダイビングをやってみたかったんだ」
I've been in love with Johnny Depp ever since I can remember.　「物心ついてからずっとジョニー・デップに恋してるんです」　※ever は強調で「ずっと」という意味

How about having lunch at a restaurant near the Beverly Wilshire Hotel, then?
「じゃあ、ビバリーウィルシャーホテルの近くのレストランでランチするのはどう?」

104

ここでの then は「それなら；じゃあ」という意味。提案するときの How about はぜひ覚えておきましょう。後には名詞か動名詞が続きます。

How about meeting somewhere in Umeda?
「梅田のどこかで待ち合わせするのはどう？」
How about 7pm? 「夜の7時はどうかな？」
How about grabbing a quick dinner before the movie?
「映画の前にパパっと晩ごはんを食べない？」 ※grab は「つかむ；すばやく食べる」

Could you take me to a good spot where we can see the Hollywood Sign?
「ハリウッド・サインが見えるどこかいい場所に連れて行ってもらえるかな？」
Let's go to the Lake Hollywood Park, where you can see it close.
「レイクハリウッドパークに行きましょう、サインが近くに見えるから」

spot where 〜 で「〜な場所」。where 以下が spot を説明している関係副詞の文です。
2つ目の文のようにカンマ (,) が入ると、文がそこでいったん区切られます。where は直前の単語ではなく、カンマ以前の文全体を補足説明する、と覚えておきましょう。「そこなら；そこで」というニュアンスです。

Let's go up to a point where we can get a full view of the city.
「街を一望できるところまで上ろう」
Let's go up to the observation deck, where we can get a beautiful night view.
「展望台に上ろう。そこならきれいな夜景が見えるよ」

I want to take a selfie with the Sign in the background.
「サインを背景に入れて自撮りしたいな」

selfie は「自撮り写真」、take a selfie で「自撮りする」という意味。
with 〜 in the background「〜を背景に入れて」という言い方はぜひ覚えておきましょう。

Chap.2 | **実践トレーニング**

01 スタバでお茶

1. ～ください；～をもらえますか？ ◎ 31

☐ ショートで、カフェイン抜きのPikeをもらえますか？

☐ グランデのホットバニララテをもらえますか？

☐ アイスのキャラメルマキアートをホイップクリーム付きでもらえますか？

☐ トールのグリーンティーラテを抹茶パウダー多めでもらえますか？

☐ グランデのカフェイン抜きのカプチーノをください。

☐ トールのアイスカプチーノをください。

2. ～はいかがですか？／それを～いたしますか？

☐ スペースは残しますか？

☐ ホイップクリームはおつけしますか？

☐ 甘くしますか？

☐ 温めますか？

☐ ホットにしますか、アイスにしますか？

☐ トーストしますか？

02 サブウェイでランチ

1. トッピングの注文 ◎ 32

☐ 全部お願いします。

☐ 玉ねぎとハラペーニョ以外は全部でお願いします。

1. Can I get(have) ～? / I'll have ～.

☐ Can I get a Short decaf Pike?

☐ Can I get a Grande, hot Vanilla Latte?

☐ Can I get an iced Caramel Macchiato with whipped cream?

☐ Can I get a Tall Green tea latte with extra matcha powder?

☐ I'll have a Grande decaf cappuccino.

☐ I'll have a Tall, iced cappuccino.

2. Would you like ～? / Would you like it ～?

☐ Would you like room?

☐ Would you like whipped cream?

☐ Would you like it sweetened?

☐ Would you like it heated up?

☐ Would you like it hot or iced?

☐ Would you like it toasted?

1. Ordering toppings

☐ Everything, please.

☐ Everything but onions and jalapenos, please.

Chap.2　実践トレーニング

☐ チーズはなしで。

☐ トマトだけでお願いします。

☐ 塩コショウと、マヨネーズを少なめで。

☐ マヨネーズと、コショウを少しください。

03　ハンバーガーショップ

1. ハンバーガーショップでの注文　◎33

☐ セットにいたしますか?

☐ 単品でお願いします。

☐ チーズバーガーセットのLを、アイスティーでもらえますか?

☐ キッズメニューのハンバーガーセットを、アップルジュースでもらえますか?

☐ 4ピース入りのチキンナゲットももらえますか?

☐ ケチャップもおつけしますか?

☐ はい、お願いします。

☐ いいえ、結構です。

☐ こちらでお召し上がりですか、お持ち帰りですか?

☐ こちらで。

☐ 持ち帰りで。

☐ 他にご注文は?

☐ 以上です、ありがとう。

☐ No cheese, please.

☐ Just tomatoes, please.

☐ Salt, pepper and light mayonnaise, please.

☐ Mayo and a little pepper, please.

1. Ordering at a hamburger shop

☐ Would you like to make it a combo?

☐ Just the sandwich, please.

☐ Can I get a large cheeseburger meal with an iced tea?

☐ Can I get a kid's hamburger meal with an apple juice?

☐ Can I also get a 4 piece chicken nuggets?

☐ Would you like ketchup with that?

☐ Yes, please.

☐ No, thank you.

☐ For here or to go?

☐ For here, please.

☐ To go, please.

☐ Anything else?

☐ That's all, thanks.

Chap.2　　**実践トレーニング**

04　レストランでおひとりさまランチ

1. 注文するときのフレーズ　◎ 34

☐ ご注文はお決まりですか?

☐ すみません、もう少し時間をください。

☐ すみません、注文お願いします。

☐ これとこれください。

☐ 私も同じものをください。

☐ それを2つで。

☐ とりあえず以上です。

☐ 追加で注文したいのですが。

2. 質問する

☐ 何がおすすめですか?

☐ 今日の特別メニューは何ですか?

☐ このお店の名物は何ですか?

☐ これはどんなものですか?

☐ これは辛いですか?

☐ どれくらいの量ですか?

☐ ハーブティーはどんな種類がありますか?

☐ ドリンクはついていますか?

1. Phrases used when ordering

- ☐ Are you ready to order?
- ☐ Sorry, I need a little more time.
- ☐ Excuse me, I'm ready to order.
- ☐ I'll have this and this.
- ☐ I'll have the same, please.
- ☐ Make it two, please.
- ☐ That's all for now.
- ☐ I'd like to order again.

2. Asking questions

- ☐ What do you recommend?
- ☐ What's today's special?
- ☐ What's the house specialty?
- ☐ What's this like?
- ☐ Is this spicy?
- ☐ How big is this?
- ☐ What kind of herbal teas do you have?
- ☐ Does this come with a drink?

Chap.2 実践トレーニング

05 食事の感想とデザート注文

1. 感想を述べる ◎35

- ☐ どれもおいしいです。

- ☐ すべてが素晴らしいです、ありがとう。

- ☐ 特にスープが気に入りました。

- ☐ このコーヒー、本当においしいですね!

- ☐ このようなものは食べたことがありません。

- ☐ これはとても風味豊かです。

- ☐ 素敵な食事をありがとうございます。

- ☐ シェフに素晴らしかったとお伝えください。

- ☐ また来たいです。

2. クレーム

- ☐ これは注文していません。

- ☐ これは注文したものではありません。

- ☐ 注文したものがまだ来ていません。

- ☐ サラダをずっと待っているのですが。

- ☐ 十分火が通っていません。

- ☐ プディングに髪の毛が入っています。

- ☐ 伝票に間違いがあります。

1. Making comments

☐ Everything tastes good.

☐ Everything is great, thank you.

☐ I especially liked the soup.

☐ This coffee is really good!

☐ I've never had anything like this before.

☐ This is so flavorful.

☐ Thank you for a lovely meal.

☐ My compliments to the chef.

☐ I'd like to come again.

2. Complaining

☐ I didn't order this.

☐ This isn't what I ordered.

☐ My order hasn't come yet.

☐ I'm still waiting for my salad.

☐ This isn't cooked enough.

☐ There's a hair in the pudding.

☐ There's a mistake on the bill.

Chap.2 | **実践トレーニング**

06 ショッピング

1. 店員との会話 ◎ 36

☐ 何かお探しですか?

☐ ありがとう、後でお願いします。

☐ 見ているだけです、ありがとう。

☐ ショーウィンドウにあるバッグを見せていただけますか?

☐ すごくかわいいですね!

☐ これのピンクはありますか?

2. 試着

☐ これを試着してもいいですか?

☐ 私にはちょっと長すぎるみたい。

☐ ウエストがゆるすぎます。

☐ ちょうどぴったりです。

☐ ちょうど私のサイズです。

☐ もっと小さいサイズはありますか?

☐ これのLサイズはありますか?

☐ これの色違いはありますか?

☐ お直ししてもらえますか?

☐ どれくらいかかりますか?

1. Conversation with a sales clerk

- ☐ May I help you?
- ☐ Maybe later, thanks.
- ☐ I'm just looking, thanks.
- ☐ Can I take a look at the bag in the window, please?
- ☐ This is so cute!
- ☐ Do you have this in pink?

2. Try-on

- ☐ May I try this on?
- ☐ It seems to be a little too long for me.
- ☐ It's too loose around the waist.
- ☐ It fits me perfectly.
- ☐ It's just my size.
- ☐ Do you have a smaller size?
- ☐ Do you have this in large?
- ☐ Do you have this in different colors?
- ☐ Could you alter this?
- ☐ How long will it take?

Chap.2　実践トレーニング

07　道を尋ねる

1. 道の説明　◎ 37

☐ この道をまっすぐ行って、角で右に曲がったら、左手にバーモント駅が見えますよ。

☐ 駅を通り過ぎて、角を左に曲がってください。

☐ 三叉路を斜め左に進んでください。

☐ 地図を描きましょうか?

☐ すぐそこの角にあります。

☐ 歩いて10分くらいです。

☐ すぐにわかりますよ。

☐ かなり近いです。

☐ バスに乗った方がいいですよ。

08　ロスの観光スポット

1. 写真を撮る　◎ 38

☐ サインを背景に入れて自撮りしたいな。

☐ 雷門を背景に入れて写真をお撮りしましょうか?

☐ 像の前で写真を撮ろうよ。

☐ 私と一緒に写真を撮っていただけないでしょうか?(嫌でしょうか?)

☐ 構いませんよ。

☐ ここで写真を撮ってもいいですか?

1. Giving directions

- [ ] **Go straight this way, turn right at the corner and you'll see Vermont Station on your left.**

- [ ] Go past the station and turn left.

- [ ] Go diagonally left at the three-forked road.

- [ ] Shall I draw a map?

- [ ] It's just around the corner.

- [ ] It takes about 10 minutes on foot.

- [ ] You can't miss it.

- [ ] It's pretty close.

- [ ] You should take a bus.

1. Taking photos

- [ ] I want to take a selfie with the Sign in the background.

- [ ] Shall I take a photo with Kaminarimon in the background?

- [ ] Let's take a photo in front of the statue.

- [ ] Would you mind taking a photo with me?

- [ ] **Not at all.** ※Yes. と言うと「はい嫌です」の意味になるので注意

- [ ] May I take photos here?

☕ Coffee Break

ホームステイ気分を味わえる海外旅行

　私はイギリス旅行が好きで、これまでに友人と2人で3回、2週間ずつ滞在したことがあります。パッケージツアーではなく、ネットでホテルやB&B（ベッド・アンド・ブレックファスト）を予約したり、地元で評判のカフェや、ちょっとマイナーな映画のロケ地を調べたりして、ときにはガイドブックには載っていないような場所にも行きました。そのような場所には観光客が少なく、地元に溶け込めたような気がしてワクワクしたものです。

　道に迷うことも度々ありましたが、地図を見ながら立ち止まっているだけで "Do you need any help?（お困りですか?）" "Are you guys going to ～?（君たち、～へ行くの?）" などと声をかけてくれる人が多く、温かい気持ちになりました。

　また、B&Bは夫婦で経営しているこぢんまりしたところが多かったので、オーナーが朝食のときに「今日はどこへ行くの?」「昨日は無事～へ行けた?」などと聞いてくれて、毎朝ちょっとした会話を楽しめました。

　「明日は早朝から出かけるので朝食は諦めます」と伝えると、いろんな種類のシリアルやジュースをテーブルに出しておいてくれた人や、1階のリビングで一緒にオリンピックの開会式を見せてくれた人もいます。いずれも2～3泊ずつの短い滞在でしたが、まるでホームステイのような気分を味わうことができました。

　B&Bは "エリア名＋B&B" で検索すれば多数ヒットしますし、Booking.com のような宿泊予約サイトなら口コミもチェックできます。海外旅行の際はホテルにこだわらず、さまざまな宿泊施設を調べてみましょう。

CHAPTER 3

語学学校の
英語レッスン

Chap.3 — 01 日本の紹介

🎧 39

平日の午前中は語学学校の英語レッスン。
多国籍クラスなので、先生からこんな質問が。

あなたの国について教えてもらえますか？

Could you tell us about your country?

パターンA

日本では夏、地方ごとの伝統的なお祭りがたくさんあります。

In Japan, there are lots of local traditional festivals in summer.

→

おもしろいですね！
あなたの街にもあるのですか？

Interesting!
Does your city also have one?

パターンB

日本には味噌や納豆、漬物などのヘルシーな発酵食品がたくさんあります。

Japan has lots of healthy fermented food such as miso, natto, and Japanese pickles.

→

そうね！　アメリカでも健康志向の人たちの間で人気よ。

Yeah! They're popular among health-conscious people in the US, too.

Chap.3-01

はい。私は京都から来たのですが、京都では7月いっぱい祇園祭が開かれます。

Yes. I'm from Kyoto, and the Gion Festival is held there throughout July.

発酵食品を毎日食べるのは、免疫力を高めるのにいいそうです。

I heard eating fermented food every day will help improve immunity.

Words & Phrases

traditional
形 伝統的な

held
動 hold (〜を開催する) の過去形・過去分詞

throughout
前 〜の間ずっと；〜の至るところで

fermented
形 発酵した

such as 〜
〜のような；たとえば〜など

Japanese pickles
日本の漬物

health-conscious
形 健康志向の；健康に関心がある

I heard (that) ...
…だと聞いた；…だそうです

improve immunity
免疫力を高める

Chap.3-01
日本の紹介

解　説

Could you tell us about your country?
「あなたの国について教えてもらえますか？」

Tell me[us] about 〜「〜について教えて（聞かせて）」と聞くのは、会話を広げるのに便利です。

Tell me about your trip to Italy.　「イタリア旅行のことを聞かせて」
Tell me more about it.　「それについてもっとくわしく」

In Japan, there are lots of local traditional festivals in summer.
「日本では夏、地方ごとの伝統的なお祭りがたくさんあります」

They are very different from area to area.「それらは場所によって大変異なります」などと続けてもいいですね。他にも、日本について紹介するフレーズを作ってみましょう。

There are so many vending machines on streets in Japan.
「日本の路上にはとてもたくさんの自動販売機があります」
Many people wear masks in winter to avoid catching a cold or the flu.
「風邪やインフルエンザにならないために、冬はマスクをする人が多いです」

Interesting!
「おもしろいですね！」

「おもしろい」を表す形容詞の使い分けに注意しましょう。
interesting「興味深い」　funny「おかしい；滑稽な」
hilarious「超面白い；ウケる」　exciting「ワクワクさせる」
entertaining「娯楽的な」　amusing「楽しませてくれる」

Does your city also have one?
「あなたの街にもあるのですか？」

122

この one は代名詞で、直前に出てきた festival を指します。it は「それ自体」を指しますが、one は「たくさんある同じもののうち1つ」を指す点に注意。たとえば、I got a new car.「新しい車を買ったんだ」と話す友人に対して、I want it.「それ、欲しい」と言うと、友人が買った車そのものを要求していることになります。I want one.「私も車が欲しいな」なら、自分も新しい車を買いたいという意味になります。

I'm from Kyoto, and the Gion Festival is held there throughout July.
「私は京都から来たのですが、京都では7月いっぱい祇園祭が開かれます」

自分の地元のイベントや名物を紹介できるように、事前に英作文しておくと便利です。

In Aomori, the Nebuta Matsuri is held in early August and attracts over three million people. 「青森では、8月初旬にねぶた祭が開かれ、300万人もの人が訪れます」
You can see lots of huge snow statues at the Sapporo Snow Festival.
「さっぽろ雪まつりでは、たくさんの巨大な雪像が見られます」

They're popular among health-conscious people in the US, too.
「アメリカでも健康志向の人たちの間で人気よ」

conscious は「〜への意識が高い; 〜を重視する」という意味。
brand-conscious「ブランド志向の」、consumer-conscious「消費者重視の」、cost-conscious「コスト重視の」など。

I heard (that) eating fermented food every day will help improve immunity.
「発酵食品を毎日食べるのは、免疫力を高めるのにいいそうです」

improve immunity「免疫力を高める」の代わりに、stay young「若さを保つ」、stay healthy / stay in good shape「健康を保つ」などを入れてもいいですね。

Chap.3 02

🔴 40

クラスメートとのランチ

授業終了後、クラスメートたちにランチに誘われた。

カフェテリアでランチするんだけど、あなたも一緒にどう?
We're having lunch at the cafeteria. Would you like to join us?

パターンA

ぜひご一緒したいけど、ランチを持ってきているの。そこで食べても大丈夫かな?

I'd love to, but I have my lunch with me. Would it be okay to eat it there?

→

もちろんできるよ。ランチを持ってきている人もいるよ。

Of course you can. Some of us brought lunch, too.

パターンB

ありがとう、いいね。あそこのブッフェ、行ってみたかったの。

Thanks, that'd be great. I wanted to try the buffet there.

→

実は、安いけどそんなにおいしくはないんだけどね。

Actually, it's reasonable but not so good.

Chap.3-02

それはよかった!

I'm glad to hear that!

あら、それは残念。
でも食べてみようっと。

Oh, that's a bummer, but I'll try it anyway.

Words & Phrases

cafeteria
名 カフェテリア；セルフサービスの食堂

have ～ with me
～を持ち合わせている；～を持参している

Would it be okay to …?
…してもよいのでしょうか?

buffet
名 ビュッフェ；セルフサービスの食事

actually
副 実際；実は

reasonable
形 妥当な；(値段が)それほど高くない

bummer
名 嫌なこと；不快なこと　※口語

anyway
副 とにかく；どっちみち

Chap.3-02
クラスメートとのランチ

解説

We're having lunch at the cafeteria. Would you like to join us?
「カフェテリアでランチするんだけど、あなたも一緒にどう?」

これからすることでも、差し迫った予定やすでに詳細も決まっている場合は、現在進行形 be …ing で表すのが一般的です。

I'm meeting my friend. 「友達と待ち合わせをしているんだ」
I'm leaving for Tokyo for the Saturday. 「今週の土曜日に東京に発つんだ」

I'd love to, but I have my lunch with me.
「ぜひご一緒したいけど、ランチを持ってきているの」

I'd love to の後に join が省略された形。I'd love to! だけなら「ぜひ(したいです)!」というOKの返事ですが、but … と行けない理由を続ければ、丁寧なお断りフレーズに。

I'd love to, but I already have plans this weekend.
「ぜひ行きたいけど、今週末はもう予定があるの」

Would it be okay to eat it there?
「そこで食べても大丈夫かな?」

Is it okay to … でもいいですが、仮定の意味を含む would にすることで、「ひょっとしたら;もしかしたら」というニュアンスが出ます。

Of course you can.
「もちろんできるよ」

of course は「もちろん」と訳されることが多いですが、「当然じゃないか;そりゃそうだよ」という強いニュアンスがあります。

例えば Can you use chopsticks?「お箸使える?」と聞かれて Of course (I can)!「そりゃもちろん(使えるに決まってるよ)!」と答えると、ちょっとムッとした感じが出ますね。ちなみに Can you …? は相手の能力を尋ねる聞き方なので、こういう場合は **Do you** use chopsticks?「(ふだん)お箸は使う?」が無難です。

"Did you do your homework?" "Of course!" 「宿題はやったの?」「当然だよ!」
"Are you two getting back together?" "Of course not!"
「あなたたち2人はよりを戻すの?」「ありえないね!」

Thanks, that'd be great.
「ありがとう、いいね」

that'd は that would の略。would には仮定の意味が含まれるので、「(もしそれをしたら)great だろうね」というニュアンスです。great の代わりに good、wonderful、lovely などでもいいでしょう。

Actually, it's reasonable but not so good.
「実は、安いけどそんなにおいしくはないんだけどね」

「実は」は The truth is / To tell (you) the truth / The thing is / As a matter of fact などいろいろありますが、口語ではシンプルな Actually がよく使われています。
not so good は「そんなに良くない」。逆は not so bad「悪くない;結構いける」。

My English is not so good yet. 「私の英語はまだあまり上手くありません」
You are't so bad. 「そう悪くないよ;けっこういけてるよ」

Oh, that's a bummer, but I'll try it anyway.
「あら、それは残念。でも食べてみようっと」

That's a bummer は「それは残念;ガッカリ」。bummer の代わりに shame でもOK。anyway「とにかく;どっちみち」も便利なので覚えておきましょう。

Chap.3 宿題のやり方

03

宿題のやり方についてクラスメートと話した。

今日の宿題のエッセー、どうやって書く?

How are you going to write today's assigned essay?

パターンA

最初に図書館に行ってみようかな。いい参考文献が見つかるかもしれないし。

I think I'll try the library first. Maybe I can find some good references.

それはいいね。この学校ってすごく大きな図書館があるんでしょ?

Great idea. This school has a huge library, right?

パターンB

参考資料をGoogleで検索してみるつもり。それが一番早いかなと。

I'm going to google for some materials. I think that's the quickest way.

同感。インターネットでどんな情報でもほとんど見つけられるよね。

I agree. We can find almost any information on the internet.

Chap.3-03

うん、他にも面白い本が見つかるかも。

Yeah, maybe I can find some other interesting books.

うん、もうネットなしでは生きられないと思う！

Yeah, I don't think I can live without it!

Words & Phrases

assigned
形 割り当てられた；課された

maybe
副 もしかしたら；多分
※可能性は五分五分

reference
名 参照；参考文献

huge
形 巨大な

, right?
文末につけて「〜でしょ？；〜だよね？」

google for 〜
Google（ネット）で〜を検索して探す

way
名 道；方法

agree
動 同意する；賛成する

live without 〜
〜なしで生きる

129

Chap.3-03
宿題のやり方

解　説

How are you going to write today's assigned essay?
「今日の宿題のエッセー、どうやって書く?」

be going to(gonna) … は「…するつもり」という意味。話す前から決めていた予定や計画について話すときに使います。

I think I'll try the library first.
「最初に図書館に行ってみようかな」

先ほどの be going to … とは異なり、will は今思いついたことや決意などについて使います。

Maybe I can find some good references.
「いい参考文献が見つかるかもしれないし」
Maybe I can find some other interesting books.
「他にも面白い本が見つかるかも」

maybe は五分五分の可能性や確信を表します。十中八九の高い確実性があるときは probably「おそらく」、9割以上確信しているときは I'm sure …「きっと…に違いない」を使いましょう。

Maybe you're just tired. 「疲れているだけかもよ」
Probably he's right. 「おそらく彼は正しいだろう」
I'm sure you can do it. 「君ならできる」

Great idea.
「それはいいね」

That's a great(good) idea.「それはいい考えだ」や Sounds like a great(good) idea.「いい考えのようだね」とセンテンスで言っても good。

This school has a huge library, right?
「この学校ってすごく大きな図書館があるんでしょ?」

right? をつけると、「〜でしょ?;〜だよね」という意味の付加疑問文に。念押ししたり同意を求めたりするときに使います。This school has a huge library, doesn't it? のように、肯定文の場合は否定形、否定文の場合は肯定形の動詞＋主語(代名詞)を文末につけても同じ。くだけた会話では ,huh? でもOKです。

The weather is gorgeous today, right(isn't it / huh)?　「今日は見事な天気だね」
You like this movie, right(don't you / huh)?　「この映画、好きなんでしょ?」

I'm going to google for some materials.
「参考資料をGoogleで検索してみるつもり」

ここでの google は、検索エンジン Google の名前がそのまま動詞になり、「Googleで検索する」という意味になったもの。あまりに広く使われるようになったため、動詞は小文字表記で辞書に登録されるようになりました。

I agree.
「同感」

同意を表すフレーズはいろいろあるのでまとめて覚えておきましょう。

I feel the same way.「同感」
That makes two of us.「それは私も同じだ;同感」
I couldn't agree more.「大賛成;全く同感」
※直訳すると、「これ以上同意できない(ほど同意している)」

I don't think I can live without it!
「もうネットなしでは生きられないと思う!」

日本語では「…ではないと思う」と言うのが一般的ですが、英語では I don't think …「…だとは思わない」が普通。否定語は後ではなく先に言います。

Chap.3 04 自分の意見を述べる

授業でディスカッション。今日のテーマは「教育」について。

ホームスクーリングに賛成ですか、反対ですか？

Are you for or against homeschooling?

パターンA

日本では一般的じゃないから見当もつかない！何て言おう!?

It isn't common in Japan so I have no idea! What am I going to say!?

→ えーと、お金を節約できるし、融通が利くのでいいと思います。

Well, I think it's good because it saves money and can be flexible.

パターンB

想像もつかない。外の世界を遮断してしまうのって退屈じゃないかな？

I can't even imagine it. Isn't it boring to shut oneself off from the outside world?

→ 親にとっても子供にとっても、ホームスクーリングは良くないと思います。

I don't think homeschooling is good for parents or children.

Chap.3-04

いいポイントですね。

That's a good point.

学校では、子供たちは勉強するだけではなく、貴重な社会性を学びます。

At school, children not only study but also learn valuable social skills.

 Words & Phrases

homeschooling
名 ホームスクーリング；在宅教育

save money
お金を節約する；貯金する

flexible
形 柔軟な；融通の利く

I can't even …
…さえできない

boring
形 退屈な

shut oneself off from ～
～を遮断する

outside world
外界；外の世界

valuable
形 高価な；有益な；重要な

social skills
社会性；社交術；ソーシャルスキル

Chap.3-04
自分の意見を述べる

解　説

Are you for or against homeschooling?
「ホームスクーリングに賛成ですか、反対ですか?」

for ～ で「～に賛成して」、against ～ で「～に反対して」という意味。

I'm for same-sex marriage.　「同性間の結婚に賛成です」
I can't say I'm against capital punishment.　「死刑に反対だとは言えません」
※「死刑」は death penalty とも表現します。

It isn't common in Japan so I have no idea!
「日本では一般的じゃないから見当もつかない!」

have no idea で「見当もつかない；さっぱり分からない」。idea の代わりに clue 「手がかり」にしても同じような意味になります。

I have no idea where I am.　「今どこにいるのか見当もつかない」
I have no clue where to start.　「どこから手をつけたらいいのかさっぱり分からない」

I don't think homeschooling is good for parents or children.
「親にとっても子供にとっても、ホームスクーリングは良くないと思います」

Chap.2-03にも登場しましたが、「～ではないと思う」と英語で言いたい場合、"I think＋否定文"ではなく"I don't think＋肯定文"とします。否定を先に持ってくるのを忘れずに!
また、not ～ for (both) A and B は「AとB両方にとって～というわけではない」という部分否定になり、どちらかにとっては良い、という意味になります。「両方にとって～ではない」と言いたい場合は not ～ for (either) A or B にしましょう。ディスカッションやスピーキングテストでは、賛成か反対かどちらかの立場を選んで意見を述べなくてはならない場面が多々あります。「主張」→「理由」→「結論(主張をもう一度述べる)」というフォーマットを作っておくと、いざというとき慌てずにすみます。

Chap.3-04

> 【フォーマット例】

主張：I think / I don't think ….「…だと思います／…ではないと思います」
理由：I have two(three) reasons for this.「これには2つ（3つ）理由があります」
First, ～（第一に、～）＋具体例1～3つ
Second, ～（第二に、～）＋具体例1～3つ
Third(Finally), ～　（第三に＜最後に＞、～）
結論：For these reasons, I think / I don't think ….「これらの理由から、私は…だと思います／…ではないと思います」

【賛成意見例】

　I think homeschooling is good for both parents and children. I have two reasons for this.
　First, it can be flexible. Parents can choose resources according to their children's abilities. It also allows for children to learn at their own pace.
　Second, it can save money. Parents don't have to pay tuition and there are lots of good, reasonably priced learning materials available today. That means it requires minimal expense.
　For these reasons, I think homeschooling is a good choice.

「親にとっても子供にとっても、ホームスクーリングは良いと思います。理由は2つあります。第一に、融通が利くことです。親は子供の能力に合わせた教材を選べます。子供たちも自分のペースで学習できます。第二に、節約できることです。親は学費を払う必要がないし、今は安くて良い教材はたくさん手に入ります。つまり最小限の支出しか必要としません。以上の理由から、ホームスクーリングは良い選択肢だと思います」

【反対意見例】

　I don't think homeschooling is good for parents or children. I have two reasons for this.
　First, it can be risky to shut children off from the outside world. At school, children not only study but also learn valuable social skills.
　Second, teachers are professionals with different kinds of expertise. There are many advantages of learning from them. There is a limit to what parents can teach.
　For these reasons, I don't think homeschooling is a good choice.

「親にとっても子供にとっても、ホームスクーリングは良くないと思います。理由は2つあります。第一に、子供を外の世界から遮断するのはリスクがあります。学校で子供たちは勉強するだけでなく、貴重な社会性を学びます。第二に、教師はさまざまな専門知識を持ったプロです。彼らから学ぶのは多くの利点があります。親が教えられることには限界があります。以上の理由から、ホームスクーリングは良い選択肢ではないと思います」

Chap.3 05 先生に相談

🎵 43

授業後、クラスの感想を先生に聞かれた。
正直な気持ちを伝えよう。

今までのところ、クラスはどうですか？

How do you like the class so far?

パターンA

楽しんでいます。でも他の人たちが言っていることが聞き取りづらいときがあります。

I'm enjoying it, but sometimes I have difficulties in understanding what others are saying.

→

いつでもさえぎって質問していいのよ。
放課後でも。

You can interrupt us and ask questions anytime.
After class is also fine.

パターンB

楽しいのですが、私はスピーキングがダメなんです。もっと下のクラスに移れるでしょうか？

It's fun, but I'm poor at speaking. Could I move to a lower level class?

→

移れるけど、あなたライティングは素晴らしいわよ。必要なのは、堂々と話す少しの勇気じゃないかしら。

You can, but you're great at writing. I think all you need is a little courage to speak out.

Chap.3-05

ありがとう、そうします。

Thank you, I will.

本当ですか？
ありがとう、とても励みになりました。もうちょっとがんばってみます。

Am I? Thanks, that's so encouraging to hear. I'll try to put a little more effort in.

Words & Phrases

have difficulties in …ing
…するのに苦労する

interrupt
動 〜をさえぎる；〜を中断させる

after class
授業の後；放課後

be poor at …ing
…するのが下手である

be great at …ing
…するのが非常に得意だ

all you need is 〜
あなたに必要なのは〜だけだ

encouraging
形 励みになる；勇気づける

try to …
…しようとする　※try …ing
「…してみる」との違いに注意

put effort (in / into 〜)
(〜に)努力する

Chap.3-05
先生に相談

解説

How do you like the class so far?
「今までのところ、クラスはどうですか?」

How do you like ～? は好みや感想を尋ねるフレーズで、～には名詞か動名詞が入ります。

How do you like living in Japan? 「日本での暮らしはいかがですか?」

Sometimes I have difficulties in understanding what others are saying.
「他の人たちが言っていることが聞き取りづらいときがあります」

have difficulties in …ing で「…するのに苦労する」。what others are saying は関係代名詞 what「…すること」が使われており、「他の人たちが言っていること」という意味になります。

I have difficulties in getting along with others.
「他人と上手くやっていくのに苦労しています」
I don't care(mind) what others say. 「他人の言うことなんて気にしません」

Thank you, I will.
「ありがとう、そうします」

I will の後に、相手の言った内容 interrupt (and ask) が省略された形。英語では同じ動詞は繰り返さず、助動詞のみで答えることが多いです。簡単で便利なのでぜひマスターしましょう!

"Call me later." "I will!" 「あとで電話して」「わかった!」
"You can drop by anytime." "Thanks, I will." 「いつでも寄ってね」「うん、ありがとう」
"Can I join you?" "Of course you can." 「私も参加していい?」「もちろんいいよ」

Chap.3-05

I'm poor at speaking.
「私はスピーキングがダメなんです」
You're great at writing.
「あなたライティングは素晴らしいわよ」

I'm good at …ing「…するのが得意です」というフレーズは定番。good を poor にすると「苦手だ」、great にすると「かなり得意だ」という意味になります。

I think all you need is a little courage to speak out.
「必要なのは、堂々と話す少しの勇気じゃないかしら」

all (that) you need is 〜 は直訳すると「あなたに必要なことのすべては〜だ」つまり「あなたに必要なのは〜だけ」という意味になります。〜には動詞（不定詞）が入ることも。便利なフレーズなので丸ごと覚えておきましょう。

Am I?
「本当ですか？」

You're great at writing. と言われたことへの返答なので、Am I の後に great at writing が省略されています。「本当に？」と言いたいとき、Really? の代わりに使ってみましょう。

"Your English is so good." "Is it? Thank you!"
「英語がすごくお上手ですね」「そうですか？ありがとう！」

Thanks, that's so encouraging to hear.
「ありがとう、とても励みになりました」

I'm so encouraged to hear that. でもOK。感情を表す形容詞は、人が主語のときは-ed形、物や事がらが主語のときは-ing形になるのが一般的です。

Chap.3　実践トレーニング

01　日本の紹介

1. 日本について　◎44

☐ 日本では夏、地方ごとの伝統的なお祭りがたくさんあります。

☐ それらは場所によって大変異なります。

☐ 日本の路上にはとてもたくさんの自動販売機があります。

☐ 風邪やインフルエンザにならないために、冬はマスクをする人が多いです。

☐ 春は桜の花見を楽しむ人が多いです。

☐ 満開の桜の下で食べたり飲んだりして楽しむ人が多いです。

☐ 秋は紅葉狩りをする人が多いです。

☐ 5月は「ゴールデンウィーク」と呼ばれる大型連休があります。

2.「おもしろい」の使い分け

☐ あなたのお話、とても興味深いです。

☐ 笑わないで。ちっともおかしくないよ。

☐ 彼らのコントは超面白い。

☐ 昨夜のサッカーの試合はワクワクした。

02　クラスメートとのランチ

1. <丁寧な断り方>ぜひご一緒したいけど、…　◎45

☐ ぜひご一緒したいけど、ランチを持ってきているの。

1. About Japan

☐ In Japan, there are lots of local traditional festivals in summer.

☐ They are very different from area to area.

☐ There are so many vending machines on streets in Japan.

☐ Many people wear masks in winter to avoid catching a cold or the flu.

☐ Many people enjoy cherry blossom viewing in spring.

☐ Many people enjoy eating and drinking under the fully bloomed cherry blossoms.

☐ Many people enjoy seeing the colorful autumn leaves.

☐ We have long holidays called "Golden Week" in May.

2. Adjectives in different situations

☐ Your story is very interesting.

☐ Don't laugh. This is not funny.

☐ Their stand-up comedy is hilarious.

☐ Last night's soccer game was exciting.

1. <polite way to say no> I'd love to, but …

☐ I'd love to, but I have my lunch with me.

Chap.3 | 実践トレーニング

- ☐ ぜひ行きたいけど、今週末はもう予定があるの。
- ☐ ぜひ行きたいけど、仕事があるんだ。
- ☐ ぜひご一緒したいけど、〆切があって。

03 宿題のやり方

1. 予定していたこと／今決めたこと ◎46

- ☐ 今日の宿題のエッセー、どうやって書く?
- ☐ 最初に図書館に行ってみようかな。
- ☐ 参考資料をGoogleで検索してみるつもり。
- ☐ 卒業後は何をするつもりなの?
- ☐ 大学院に行くんだ。
- ☐ 海外旅行でもしようかな。

2. 〜ではないと思う

- ☐ もうネットなしでは生きられないと思う!
- ☐ それは真実ではないと思う。
- ☐ いい考えではないと思う。
- ☐ それは現実的ではないよ。
- ☐ それは簡単ではないと思うよ。
- ☐ 親にとっても子供にとっても、ホームスクーリングは良くないと思います。

- [ ] I'd love to, but I already have plans this weekend.

- [ ] I'd love to, but I have work to do.

- [ ] I'd love to, but I have a deadline to meet.

1. be going to ⋯ / will ⋯

- [ ] How are you going to write today's assigned essay?

- [ ] I think I'll try the library first.

- [ ] I'm going to google for some materials.

- [ ] What are you going to do after you graduate?

- [ ] I'm going to a graduate school.

- [ ] Maybe I'll travel abroad or something.

2. I don't think ~

- [ ] I don't think I can live without the internet!

- [ ] I don't think that's true.

- [ ] I don't think that's a good idea.

- [ ] I don't think it's realistic.

- [ ] I don't think that's easy.

- [ ] I don't think homeschooling is good for parents or children.

Chap.3 　　実践トレーニング

04　自分の意見を述べる

1. 〜に賛成して／〜に反対して ◎47

☐ ホームスクーリングに賛成ですか、反対ですか?

☐ 同性間の結婚に賛成です。

☐ 死刑に反対だとは言えません。

☐ いかなる種類の暴力にも反対です。

2. 見当もつかない

☐ 日本では一般的じゃないから見当もつかない!

☐ 今どこにいるのか見当もつかない。

☐ どこから手をつけたらいいのかさっぱり分からない。

☐ なんと言ったらいいかさっぱり分からない。

05　先生に相談

1. 〜がすべて／〜さえあれば ◎48

☐ 必要なのは、堂々と話す少しの勇気じゃないかしら。

☐ あなたに必要なのは愛だけだよ。

☐ 私が欲しいのはチャンスだけです。

☐ 私は幸せになりたいだけ。

☐ 私はあなたに幸せになってほしいだけ。

144

1. for ~ / against ~

☐ Are you for or against homeschooling?

☐ I'm for same-sex marriage.

☐ I can't say I'm against capital punishment.

☐ I'm against any kind of violence.

2. have no idea(clue)

☐ It isn't common in Japan so I have no idea!

☐ I have no idea where I am.

☐ I have no clue where to start.

☐ I have no clue what to say.

1. All you need(want) is ~

☐ I think all you need is a little courage to speak out.

☐ All you need is love.

☐ All I want is a chance.

☐ All I want is to be happy.

☐ All I want is for you to be happy.

Coffee Break
03
語学研修でもらった自信と課題

　Chap.3には私自身の語学研修体験がたくさん盛り込まれています。先生に「クラスを下げてもらえませんか?」と頼んだのも実話。私は当時外国語大学の英米学科に通っていたこともあり、ペーパーテストは得意だったのです。クラス分けのテストで高得点を取ってしまい、一番上のクラスになってしまいました。

　しかし、そのクラスは私以外の全員が流ちょうに英語を話すヨーロッパ人ばかり。スピーキングの経験が不足していた私は、議論にまったく参加できませんでした。見かねた先生が私を名指しして"What do you think?(あなたはどう思う?)"と聞いてくださっても、私は隣の人を指して"I … I agree with her.(私は…彼女に賛成です)"としか言えませんでした。

　そこで冒頭のお願いにいたったわけですが、先生曰く、「ライティングはあなたが一番」とのこと。その後も私のエッセーを何度かお手本として授業で取り上げてくださり、自信をつけてくれました。気持ちに余裕ができると、みんなが決して完璧な英語を話しているわけではないことにも気づき、発言することに対する心理的障壁は次第に消えていきました。

　しかし今度は、英語以前に「自分には意見がない」という課題が明らかになったのです。与えられたトピックに関してとっさに自分の考えをまとめることができませんでした。課題をもらったところで語学研修は終了。帰国後はTOEFLの問題を使って、さまざまなトピックについて意見を持ち、その理由を2〜3考える練習をしました。オンライン英会話や英文添削サービスを活用し、フィードバックをもらうとさらに効果的です。

CHAPTER 4

パーティー・デート・恋バナ

Chap.4 ホームパーティー

01

日曜の夜、アマンダからパーティーに誘われた。

今夜友達の家のパーティーに行くんだけど、あなたも行きたい?

I'm going to a party at my friend's place tonight. Would you like to come?

パターンA

誘ってくれてありがとう、でもあなたたちの会話に入れるかな。

Thanks for asking, but I wonder if I can join your conversations.

→

大丈夫よ!
友達みんないい人だから。気楽に楽しんで!

You'll be alright!
My friends are all nice.
Relax and enjoy!

パターンB

すごく楽しそう!
この格好で行ける?
それともワンピを着た方がいい?

Sounds exciting!
Can I go dressed like this, or should I wear a dress?

→

全然問題なし!
カジュアルなホームパーティーだから、みんな普段着でくるよ。

Totally fine!
It's just a casual house party so everybody's wearing their everyday clothes.

Chap.4-01

わかった、じゃあ、一緒に行く。

．．

OK, then, I'll come with you.

よかった。何時に出るの？

．．

Great. What time are we going to leave?

Words & Phrases

at one's place
〜の家で

ask
動 〜を尋ねる；〜を誘う

I wonder if 〜
〜かどうかと思う；〜かな？

conversation
名 会話

alright
形 無事で；大丈夫で（= all right）

totally
副 まったく；完全に；とても

everyday clothes
普段着

149

Chap.4-01
ホームパーティー

解説

I'm going to a party at my friend's place tonight.
「今夜友達の家のパーティーに行くんだけど」

話す前から決まっている予定や、これからすぐ起こることは、現在進行形や be going to … で表します。話している最中や、たった今決めたことを述べるときは I'll(I will) …。

Would you like to come?
「あなたも行きたい?」
I'll come with you.
「一緒に行く」

「あなたも行きたい?」は、Would you like to go? にならない点に注意。come は「来る」だけでなく、「(目的地や話し手のいる場所へ向かって)行く」という意味があります。go は to 〜(〜へ)がない場合、「ここを離れて(どこかへ)行く」というニュアンスで、目的地に重点が置かれない言い方になります。場合によっては「どこへ?」と疑問を持たれてしまうので注意しましょう。

I'm coming! 「今行くよ!」 ※going と言うと、相手が「え、どこへ?」となる。
Stay where you are. I'm coming to you. 「そこにいて。今から行くよ」 ※ going は不適切
Are you coming to the party tomorrow? 「明日のパーティーには来るの?」
※聞いている人がそのパーティーを主催していたり、自分も行く場合は coming

Thanks for asking, but I wonder if I can join your conversations.
「誘ってくれてありがとう、でもあなたたちの会話に入れるかな」

Thanks for asking. は「誘ってくれてありがとう」という定番フレーズ。断る場合にも一言添えましょう。I wonder if 〜 は「〜かどうかと思う;〜かな?」という意味です。

I wonder if he's coming. 「彼は来るかな?」
I wonder if this is going to work. 「これでうまくいくかな?」

Relax and enjoy!
「気楽に楽しんで!」

Relax の代わりに Take it easy もよく使われます。enjoy は have fun でもOK。

Sounds exciting!
「すごく楽しそう!」

"sound＋形容詞"で、「～のように聞こえる;(話などを聞いて)～と思われる」。
後に名詞が続く場合は"sound like＋名詞"になります。

That sounds awful. 「それはひどいね」
That sounds like a lot of fun! 「それはすごく楽しそう!」

Can I go dressed like this, or should I wear a dress?
「この格好で行ける? それともワンピを着た方がいい?」

Can I enter(go in) dressed like this?「このような格好で入れますか?」
にすれば、お店の入り口で使えるフレーズになりますね。Should I wear ～?
「～を着た方がいい(着るべき)ですか?」も、ドレスコードを尋ねるのに便利な
フレーズです。

Should I wear a jacket and a tie? 「上着とネクタイを着た方がいいですか?」
Should I wear a skirt? 「スカートをはいた方がいいですか?」

What time are we going to leave?
「何時に出るの?」

これからすぐの予定なので、現在進行形で What time are we leaving? と言う
こともできます。

Chap.4 02 従兄紹介

50

パーティーで、アマンダの従兄のダンを紹介された。

ダン、こちらは莉子。日本から来てうちに滞在してるの。莉子、こちらは私の従兄のダン。
Dan, this is Riko. She's from Japan and staying at my house. Riko, this is my cousin, Dan.

パターンA

はじめまして、莉子。滞在を楽しんでる?

Hi, Riko.
Are you enjoying your stay?

はじめまして、ダン。楽しんでいますよ。アマンダが有名なロケ地に連れて行ってくれて。

Hi, Dan. Yes, I'm enjoying my stay. Amanda took me to some famous filming locations.

パターンB

はじめまして、莉子。ここの生活はどう?

Hi, Riko.
How do you like it here?

はじめまして、ダン。ここの生活は本当に気に入っています。午前中は語学学校で英語を勉強しているの。

Hi, Dan. I really like it here. I'm studying English in the morning at a language school.

Chap.4-02

それはよかったね。
映画が好きなの?

That's great.
Do you like movies?

それはいいね!君の英語、
すごく上手いと思うよ。

Awesome! I think your
English is really good.

Words & Phrases

take [人] to ～
[人]を～へ連れて行く

filming location
撮影現場;ロケ地

How do you like ～?
～をどう思いますか?;～はいかが
ですか?

like it here
ここにいるのが好き;この場所が気
に入っている

language school
語学学校

awesome
形 すごい;イケてる;最高の

153

Chap.4-02
従兄紹介

解　説

Dan, this is Riko. She's from Japan and staying at my house.
「ダン、こちらは莉子。日本から来てうちに滞在してるの」

This is ～「こちらは～です」は、物だけでなく人を紹介するときの定番の言い方です。

Hi, Riko. Are you enjoying your stay?
「はじめまして、莉子。滞在を楽しんでる?」

初対面のあいさつは、Nice to meet you. / I'm pleased to meet you.「はじめまして；お会いできてうれしいです」、Nice to meet you, too. / I'm pleased to meet you, too.「はじめまして；こちらこそお会いできてうれしいです」というやりとりも定番です。返答は、カジュアルな場なら前半部分を省略して You, too. と言うことも。「私もあなたに会えてうれしいです」の略なので、Me, too. ではなく You, too. になる点に注意しましょう。
◎Nice to meet you, too.　※略さず言うのがフォーマルで無難
○You, too.(＝Nice to meet you, too.)　※カジュアルな場ならOK
×Me, too.(＝Nice to meet me, too.)　※「私も私に会えてうれしい」に

Amanda took me to some famous filming locations.
「アマンダが有名なロケ地に連れて行ってくれて」

日本語の「ロケ」は英語の location から来ています。location だけで「ロケ地」を表すこともありますが、通常は「場所；位置」という意味なので、filming location と言うのが確実。「ロケをする＝(映画などの)撮影をする」は、film と言います。film＝[名]映画；フィルム、[動](映画を)撮影する；(～の写真を)撮る

Looks like they're filming a movie or drama. 「映画かドラマの撮影をしているようだ」
This is where Harry Potter was filmed. 「ここが、ハリーポッターが撮影された場所だよ」
※「～を撮影する」は shoot もよく使われています

How do you like it here?
「ここの生活はどう?」
I really like it here.
「ここの生活は本当に気に入っています」

ここでの it は「状態」のようなものを指しています。like it here で「ここにいるのが好き」という意味合いです。I like living / staying here.「ここでの 生活/滞在 が気に入っています」などと具体的に言ってもいいですが、この it の用法はぜひ覚えておきましょう。

it を抜かして I like here. にすると、like の目的語がなくなり文法的にも間違いです(here は「ここで;ここに」という意味の副詞で、名詞ではない)。目的語がないとしっくりこないため、特に意味を持たない it を置く、と覚えておきましょう。

I hate it when it pours. 「どしゃ降りのときは嫌いだ」
I like it that way. 「そのやり方が好きだ;そういう風にするのが好きだ」

I'm studying English in the morning at a language school.
「午前中は語学学校で英語を勉強しているの」

毎日学校に通っていても、アメリカに滞在中の「一時的な習慣」なので、現在進行形がしっくりきます。長期的な習慣として語学学校で学んでいる場合は、I study English in the morning at a language school. と現在形になります。
live「住む」も、通常は長期にわたる習慣なので現在形で I live in ~.「~に住んでいます」と言うことが多いですが、一時的に住んでいる(数年後に移動するつもりでいる)場合は、I'm living in ~. と現在進行形にしましょう。

Awesome! I think your English is really good.
「それはいいね!君の英語、すごく上手いと思うよ」

「いいね!」は Awesome! の他、That's great! Cool! Wonderful! などもよく使われています。会話が弾む、あいづちフレーズはたくさん覚えておきましょう。
「よかったね!」は Good for you!、「いいな~」は Lucky you. / I'm jealous.

Chap.4 — 03

好きな海外ドラマ

ダンに映画が好きかと尋ねられて…。

はい、映画を見るのは大好きです。テレビドラマにもハマってます。

Yes, I love watching movies. I'm into TV series, too.

パターン A

好きなテレビドラマは何?

What's your favorite show?

→ 好きなドラマは、24、プリズンブレイク、ウォーキングデッドです。

My favorite shows are 24, Prison Break and The Walking Dead.

パターン B

最近は何かテレビドラマを見た?

Have you watched any shows lately?

→ 最近は Netflix でラストキングダムを一気に見ています。ハマってるの!

I've been binge-watching The Last Kingdom on Netflix lately. I'm hooked on it!

Chap.4-03

そういうアクションドラマが好きなら、シューターも見てみるといいかも。

If you like action dramas like them, I recommend checking out Shooter.

それは見たことないな。どんなストーリー？

I've never seen it before. What's the story like?

Words & Phrases

be into 〜
〜にのめり込んで；〜に夢中になって

TV series
テレビの連続番組；テレビドラマ

show
名 テレビ番組；演劇；ラジオ番組

check out
〜をチェックする；〜を実際に見てみる

lately
副 最近；このごろ

binge-watch
動 〜を一気に見る

be hooked on 〜
〜に夢中になって；〜のとりこになって

What's 〜 like?
〜はどんな感じ？

Chap.4-03
好きな海外ドラマ

解説

I'm into TV series, too.
「テレビドラマにもハマってます」
I'm hooked on it!
「ハマってるの!」

「ハマっている」はいろいろな言い方があるので、まとめてチェックしておきましょう。
I'm into 〜「〜にのめり込んでいる」
I'm hooked on 〜「〜のとりこになっている」
※フック(かぎ)にかかっているイメージ
I'm crazy about 〜「〜に夢中になっている」
I'm obsessed with 〜「〜に取りつかれている」
I'm absorbed in〜「〜に没頭している」

「状態」を表す be動詞(ここでは am)を get にすると、「〜にハマる;〜に夢中になる」という「動作」を表します(ただし get into は、物理的に「〜に入り込む」という意味になることが多い)。
I got hooked straight away! 「速攻ハマった!」
I'm getting crazy about him. 「彼にハマりつつある;ハマりそう」
Don't get too obsessed with your work. 「仕事にのめり込みすぎないようにね」

What's your favorite show?
「好きなテレビドラマは何?」

「テレビドラマ」は、drama より TV series、show などと言われることが多いです。

If you like action dramas like them, I recommend checking out Shooter.
「そういうアクションドラマが好きなら、シューターも見てみるといいかも」

recommend の使い方をおさらいしておきましょう。I recommend you check out 〜 のように "recommend+[人]+動詞の原形" か、"recommend+名詞または動名詞" になります。recommend [人] to … とは言わないので注意!

Chap.4-03

○ I recommend (that) you watch the show.
○ I recommend you watching the show.
○ I recommend watching the show.
○ I recommend the show.
▲ I recommend you to watch the show. ※ネイティブは言わない

Have you watched any shows lately?
「最近は何かテレビドラマを見た?」
I've never seen it before.
「それは見たことないな」

どちらも現在完了＜経験＞の文です。Have you … lately(recently)? で、「最近…しましたか?」。2つ目の文は、never を取れば「見たことがある」という意味になります。

I've never seen it, but I've heard of it. 「見たことはないけど、聞いたことはある」
I like it, too! I've seen it countless times. 「私も好き！ 数え切れないほど見たよ」

I've been binge-watching The Last Kingdom on Netflix lately.
「最近はNetflixでラストキングダムを一気に見ています」

binge-watch は複数のエピソードをまとめて一気に見る、という意味です。何度も繰り返されている動作を表すときは、現在完了進行形にしましょう。I've binge-watched ～にすると、「～を一気見した（すべて見終わった）」という＜完了＞の意味になります。

What's the story like?
「どんなストーリー?」

What's ～ like? は「～ってどんな感じ?」と尋ねるときの便利なフレーズです。

What's your husband like? 「旦那さんはどんな人?」
What's it like living in LA? 「ロスに住むのってどんな感じ?」

159

Chap.4 04 映画のお誘い

パーティーも終わりに近づいたころ、ダンに映画に誘われた。

明日の夕方、一緒に映画でもどうかなと思うんだけど。
I was wondering if you'd like to go to a movie with me tomorrow evening.

パターンA

もちろん、楽しそう！

Sure, that'd be fun!

よかった！ アマンダの家に6時ごろ迎えに行くね。何か見たい映画はある？

Great! I'll pick you up around 6 at Amanda's house.
Are there any movies you'd like to see?

パターンB

行きたいけど、もう予定があるの。また別の日に誘ってくれる？

I wish I could, but I already have plans. Can you give me a rain check?

いいよ、木曜の夕方は？

Sure, how about Thursday evening?

Chap.4-04

今何の映画をやっているの？

What movies are playing now?

バッチリ！ 待ちきれないなぁ。何を見ようか？

Perfect! I can't wait. What are we going to see?

Words & Phrases

I was wondering if 〜
〜かなと思いまして

pick [人] up
[人]を車で拾う；[人]を迎えに行く

play
動 （映画や劇などが）上映される；〜を公演する

I wish I could
できたらいいのだけど（できない）
※仮定法

rain check
名 雨天順延券；延期；またの機会

can't wait
待ちきれない

Chap.4-04
映画のお誘い

解説

I was wondering if you'd like to go to a movie with me tomorrow evening.
「明日の夕方、一緒に映画でもどうかなと思うんだけど」

I was wondering if ～ は、「～かなと思いまして」という、ちょっと遠まわしな依頼・お誘い表現です。相手の「意思」を尋ねたい場合は would、相手の都合＝「可否」を尋ねたい場合は could にしましょう。相手に手間をかけさせるお願い事をするときは、would より could がより丁寧です（相手の意思を確認するのではなく、都合に配慮した言い方になるため）。

I was wondering if you'd(you would) come to my birthday party.
「私の誕生日パーティーに来てもらえないかと思って」
I was wondering if you could give me a ride(lift).
「車に乗せていただけないかと思いまして」　※イギリス英語では lift が一般的

Sure, that'd be fun!
「もちろん、楽しそう!」

That'd be a lot of fun! なら「すごく楽しそう!」。
「それってデートということ?」と確認したいときは、You mean, like a date?

I'll pick you up around 6 at Amanda's house.
「アマンダの家に6時ごろ迎えに行くね」

pick [人] up はここでは「[人]を車で拾う；[人]を迎えに行く」という意味。車でなく徒歩で迎えに行く場合にも使えるイディオムです。
前置詞 around は「周辺を取り囲んでいる」イメージ。"around＋数字"の場合は、「約～；およそ～」という意味にです。他にも、数字に -ish という語尾をつけても、「だいたい～」を表すことができます。

How about meeting at the station around 6 / at 6-ish?　「6時ごろ駅で待ち合わせはどう?」
I usually go to bed around 11 / at 11-ish.　「いつもだいたい11時ごろ寝ます」

Chap.4-04

Are there any movies you'd like to see?
「何か見たい映画はある?」

Chap.1-08の Is there anything you can't eat?「何か食べられない物はある?」と同じ構文ですね。関係代名詞 that が省略されています。先行詞(ここでは any movies)の後に続く文は、目的語が欠けていることがポイントです。
疑問文での any と some の使い分けですが、any は聞き手に具体的なイメージがないときや返事が yes か no か予測できないとき、または「何でもいい」ときに。some は具体的なイメージがあるときや返答が yes と予測されるときに使います。

Is there something bothering you? 「悩み事でもあるの?」
Tell me anything you want. 「言いたいことがあったら何でも言って」

I wish I could, but I already have plans.
「行きたいけど、もう予定があるの」

I wish I could の後には、go to a movie with you が省略されています。同じ動詞はくり返さないのが普通。「そうできたらいいんだけど」というお断りの定番フレーズとしてこのまま覚えておきましょう。

Can you give me a rain check?
「また別の日に誘ってくれる?」

rain check はもともとは「雨天順延券」のこと。そこから派生して「またの機会;次の機会」という意味でよく使われています。主語を I にすると、Can I take(get) a rain check?「また誘ってもらえる?」。I'll take a rain check. なら「次にするね;次は行くよ」。

I can't wait.
「待ちきれないなぁ」

ほか、I'm getting excited!「ワクワクしてきた!」、I'm already excited!「もうワクワクしてる!」、This is going to be fun!「きっと楽しくなるよ!」もおすすめ。

Chap.4 05 映画デート

🔴 53

映画デート(?)当日、約束通りダンが迎えにきてくれた。

見たい映画は決まった？
Have you decided what movie you want to see?

パターンA

ええ。えーと、タイトルは何だっけ？ マーベルの最新作が見たいな。

Yes. Well...what was the title of it? I want to see Marvel's latest movie.

→

キャプテン・マーベル？

Captain Marvel?

パターンB

実は、本当に決められなくて。あなたは何が見たい？

Actually, I really can't decide. What do you want to see?

→

ホラー映画とコメディーだったらどっちがいい？

Which do you prefer, horror movies or comedies?

Chap.4-05

それそれ！
あなたもまだ見ていない
といいけど。

That's it!
I hope you haven't seen it yet.

絶対コメディー！
ホラーはあんまり好きじゃ
なくて。

Definitely comedies!
Horror just isn't my cup of tea.

Words & Phrases

decide
動 決定する；〜することにする

latest
形 最新の；最も遅い

actually
副 実は；実際は

prefer
動 〜をより好む；〜の方を選ぶ

horror
名 恐怖；ホラー
形 恐怖の；ホラーの

comedy
名 コメディー；喜劇

definitely
副 確かに；絶対に；もちろん

not my cup of tea
好みではない　※通常否定形

Chap.4-05
映画デート

解　説

Have you decided what movie you want to see?
「見たい映画は決まった?」

what movie you want to see は「どの映画を見たいか」という意味の名詞節です。「疑問詞＋主語＋動詞」という肯定文の語順のときは、「(何を／いつ／どこで／誰が)〜か」という名詞節になると覚えておきましょう。

I wonder what movies are playing(showing) tonight.
「今夜上映している映画は何かな」
Do you know when the movie will be released in Japan?
「その映画、日本ではいつ公開されるか知っている?」
Can you tell me where I can get a ticket?
「チケットはどこで買えるか教えてもらえますか?」

That's it!
「それそれ!」

出てこなかった言葉を相手が言い当ててくれたときの定番フレーズ。「以上です」「話は終わりだ」という意味もあります。That's what I'm talking about!「私が話しているのはそれ!」という言い方も定番。

I hope you haven't seen it yet.
「あなたもまだ見ていないといいけど」

現在完了＜完了＞の文。疑問文にするなら、Have you seen it?「見た?」。

「もう」を表す yet / already をつけた場合のニュアンスの違いに注意しましょう。
Have you seen it yet?　「もう見た?」
※相手が見ることは確信していて、それが終わったかどうか確かめるニュアンスです
Have you already seen it?　「もう見たの?(早いね)」
※すでに見た相手に対して、驚きの気持ちを表す
Have you seen it already?　「もう見たんだ!?」
※already が文末にくると、驚きをさらに強調

Chap.4-05

Actually, I really can't decide.
「実は、本当に決められなくて」

どうしても決められないときは、Any movie but horror / romantic comedy would be fine.「ホラー／ラブコメ　以外なら何でもいいよ」。Can you decide for me?「あなたが決めてくれる?」という言い方もあります。

Which do you prefer, horror movies or comedies?
「ホラー映画とコメディーだったらどっちがいい?」

prefer は「〜をより好む」という意味の動詞で、もともと比較級の意味が含まれています。like を使ってこの文を書き換えると、Which do you **like better**, horror movies or comedies?
「BよりAが好き」と言いたい場合は、prefer A to B / like A **better than** Bになります。

Definitely comedies!
「絶対コメディー!」

definitely は「絶対に；もちろん」という意味。あいづちとしては Definitely!「もちろん」、Definitely yes!「もちろんイエスだよ；本当にその通り!」、Definitely not!「絶対ダメ!」のように使えます。absolutely も同様に使えるので、ぜひ覚えておきましょう。

Horror just isn't my cup of tea.
「ホラーはあんまり好きじゃなくて」

my cup of tea は、紅茶にはいろいろな種類や飲み方があることに由来するイディオムで、「好み」という意味(イギリスらしいですね!)。通常否定文で「好みではない」という意味で使われます。〜 isn't my thing. という言い方もあります。

167

Chap.4 06 映画の感想

🎵 54

映画鑑賞後、ダンに感想を聞かれて…。

映画はどうだった?
How did you like the movie?

パターンA

ガッカリさせてごめんなさい、セリフがほとんど理解できなかった…。

I'm sorry to let you down, but I couldn't understand most of what they were saying…

ああ、謝らないで。気づいてあげればよかったね。

Oh, don't be. I should've been aware of that.

パターンB

この映画を選んで本当によかった! 映像技術に驚いたよ。

I'm so glad we chose this movie! I was astonished by the cinematography.

うん、こんなにいい映画だとは思わなかったよ!

Yeah, I didn't expect it to be so good!

話の筋はつかめなかったけど、少なくともきれいな映像は楽しめたよ。

I couldn't grasp the storyline but at least I enjoyed the beautiful images.

ああ、最後のどんでん返しが最高だった。本当に驚いちゃった！

Oh, that was the best twist ending. It blew me away!

Words & Phrases

How did you like ~?
~はどうだった?

let down
~を失望させる；~の期待を裏切る

be aware of ~
~に気づいて；~を意識して

grasp
動 ~を握る；~を把握する

storyline
名 ストーリー；筋

be astonished by ~
~に驚いて

cinematography
名 映画撮影技術

expect
動 (~を)予期する；(~を)期待する

twist(surprise) ending
名 意外な結末；結末のどんでん返し

blow away
吹き飛ばす；感心させる；たまげさせる

Chap.4-06
映画の感想

解　説

How did you like the movie?
「映画はどうだった？」

Chap.3-05で How do you like the class so far?、Chap.4-02で How do you like it here?というフレーズが登場しましたが、その過去形で「〜はどうだった？」という意味です。

I'm sorry to let you down, but I couldn't understand most of what they were saying…
「ガッカリさせてごめんなさい、セリフがほとんど理解できなかった…」

let down は「〜を失望させる；〜の期待を裏切る」という意味で、動詞 disappoint と同義です。

I won't let you down. 「決して失望させません；必ずご期待に沿ってみせます」
You let me down. 「あなたにはガッカリだよ」

what they were saying は「疑問詞＋主語＋動詞」の語順なので、「彼らが言っていたこと」という意味になります（関係代名詞の what が使われています）。ここでは「セリフ」ということですね。

Oh, don't be.
「ああ、謝らないで」

be の後に sorry が省略された形。I'm sorry.（「ごめんなさい」または「お気の毒に；残念だったね」）に対して、「謝らないで」「いいのよ（大丈夫だから）」と答えたいときのフレーズです。

I should've been aware of that.
「気づいてあげればよかったね」

"should＋have＋過去分詞"で「…すべきだった；…すればよかった」という意味になり、過去のできごとや行動に対する後悔の気持ちを表します。Chap.1-04に

登場した、プレゼントをもらったときのセリフ Oh, you shouldn't have!「そんな、いいのに!」は、その否定形。発音は should've＝[シュダ(ヴ)]、shouldn't have＝[シュドゥンタ(ヴ)] となります。should 以外の助動詞も、"have＋過去分詞"をつければ「過去に対する気持ち」を表すことができます。まとめて覚えておきましょう。

must've[マスタ(ヴ)] ＋過去分詞　「…だったに違いない」
would've[ウダ(ヴ)] ＋過去分詞　「…しただろう」
could've[クダ(ヴ)] ＋過去分詞　「…できただろう；…だった可能性もある」
might've[マイタ(ヴ)] ＋過去分詞　「…だったかもしれない」

I'm so glad we chose this movie!
「この映画を選んで本当によかった!」

過去の行動を振り返って I'm glad I … は「…してよかった」、I'm sorry I … は「…しなければよかった；…するんじゃなかった」という意味になります。

I'm glad I did it!　「やってよかった!」
I'm sorry I asked.　「聞くんじゃなかった」

I didn't expect it to be so good!
「こんなにいい映画だとは思わなかったよ!」

expect to … は「…することを期待する；…する予定だ」という意味なので、expect A to … で「Aが…すると期待(予想)する」。

I didn't expect you to come so soon.　「あなたがこんなに早く来るとは思わなかったよ」
I didn't expect the meeting to last this long.　「まさか会議がこんなに長引くとは」

Oh, that was the best twist ending.
「ああ、最後のどんでん返しが最高だった」

twist は「意外な展開」。It had / There was a big twist. なら「大どんでん返しがあった」。

Chap.4 07 ダンの日本語

映画を見終わった後は、レストランで食事をしながらダンと会話。

実は、昔大学で日本語の授業を取っていたんだ。
Actually, I was taking Japanese class back in college.

パターンA

そうなの？ じゃあ日本語で話さない？
You were? Then why don't we speak in Japanese?

僕の日本語はかなり下手だから！「いただきます、おいしいね、ごちそうさま」くらいしか覚えてない。
My Japanese is so poor! All I remember is "Itadakimasu, Oishii-ne, Gochisosama…"

パターンB

どうして日本語を選んだの？
Why did you choose Japanese?

日本語クラスにはほとんど生徒がいなかったから、簡単にパスできるかなと思ったんだ。
There were few students in the Japanese class so I thought it'd be easy to pass.

Chap.4-07

すごく発音いいね！日本人みたいに聞こえるよ。

Your pronunciation is so good! You sound Japanese.

実際そうだった？

Was it actually so?

Words & Phrases

actually
副 実際は；実は

take ～ class
～の授業を取る

back in ～
さかのぼって～のときに

Why don't we …?
…しませんか？；…しようよ

poor
形 かわいそうな；下手な

pronunciation
名 発音

sound ～
～のように聞こえる

choose
動 ～を選ぶ

few
形 少ない；わずかな；ほとんどない
※a fewになると「少数の；少しの」

pass
動 (～に)合格する；(～に)パスする

173

Chap.4-07
ダンの日本語

解　説

Actually, I was taking Japanese class back in college.
「実は、昔大学で日本語の授業を取っていたんだ」

「実は」は actually のほか、to tell the truth や the thing is などもよく使われています。back in ～ は過去のことを振り返って話すときの定番の言い方。back in ～ を使ったイディオムとして back in the day「ずっと昔」があります。

We used to hang out back in Seattle.
「シアトルにいたころ、私たちはよく一緒に遊んでいました」
We met at the local tennis club back in 2004.
「私たちは2004年、地元のテニスクラブで出会いました」

You were?
「そうなの?」

直前に出てきた taking Japanese class が省略されています。同じ動詞はくり返さないのがスマートな返答です。

"I think I'm addicted to smartphone games." "You are? Is it that fun?"
「私、スマホゲーム中毒かも」「そうなの?　そんなに楽しい?」

My Japanese is so poor!
「僕の日本語はかなり下手だから!」

反対は good「上手で」。Chap.1-06で No wonder your English is so good.「どうりで英語が上手なわけね」というフレーズが出てきましたね。Chap.3-05で紹介したフレーズ、be poor at ～、be good at ～、be great at ～ もまとめておさらいしておくといいでしょう。

All I remember is "Itadakimasu, Oishii-ne, Gochisosama…"
「『いただきます、おいしいね、ごちそうさま』くらいしか覚えてない」

Chap.3-05のフレーズ、I think all you need is a little courage to speak out.「必要なのは、堂々と話す少しの勇気じゃないかしら」と同じ構文です。All I remember is ~ は「私が覚えているすべては~です」、つまり「覚えているのは~だけ」という意味。

All I remember is the ending. 「エンディングしか覚えてないよ」
All I remember is Emma Watson was starring in it.
「エマ・ワトソンが主演だったっていうことしか覚えてない」

You sound Japanese.
「日本人みたいに聞こえるよ」

look「~のように見える」と同様に、"sound＋形容詞"、"sound like＋名詞"の形をとります。ここでの Japanese は形容詞で「日本人の」という意味。You sound like a native speaker. でもOKです。

You sound exhausted. 「疲れ果ててるみたいだね」
You sound like my mom. 「私の母親みたいな口ぶりだね」

Why did you choose Japanese?
「どうして日本語を選んだの？」

「何がきっかけで~？」と、もう少し遠まわしに聞きたいときは、What made you choose Japanese? となります。主語を「あなた」ではなく、「あなたに影響を与えた何か」にした婉曲的な言い方です。

Was it actually so?
「実際そうだった？」

so は、日本語の「そう」と同じように使える便利な単語です。I think so.「そう思います」、I thought so.「そうだと思った」、I told you so.「だからそう言ったのに」など。

Chap.4 08 別れ際に

食事を終えて、ステイ先の家の前まで送ってもらった。

莉子、今日は本当に楽しかったよ。

I had a really good time with you tonight, Riko.

パターンA

私も。映画に連れて行ってくれて、豪華なディナーまでごちそうしてくれて本当にありがとう。

So did I.
Thanks a lot for taking me to the movie and treating me to a fancy dinner.

こちらこそ。
また遊びに行けるかな？

It was my pleasure.
Can we do this again?

パターンB

私も。ありがとう。

You, too. Thank you.

Chap.4-08

うん！　あと1週間ここに滞在しているから。

Sure! I'll be staying here for another week.

ごめんなさい。行けたらいいんだけど、もう日本に帰るの。

I'm sorry. I wish we could, but I'm returning to Japan soon.

Words & Phrases

have a good time
楽しい時間を過ごす

take [人] to ～
[人]を～に連れて行く

treat [人] to ～
[人]に～をおごる

fancy
形 高級な；豪華な

pleasure
名 喜び；楽しみ

another
形 もう1つの；別の

return to ～
～に帰る；～に戻る

Chap.4-08
別れ際に

解　説

I had a really good time with you tonight, Riko.
「莉子、今日は本当に楽しかったよ」

I really enjoyed tonight. でもOK。他にも別れ際のお礼フレーズをいくつか覚えておきましょう。

Thank you for a lovely(wonderful) evening. 「素敵な夜をありがとう」
Thank you for a great time tonight. 「今夜は素敵な時間をありがとう」
I enjoyed spending time with you. 「一緒に過ごせて楽しかったよ」

So did I.
「私も」

So did I. はぜひ覚えておきたい同意フレーズ。動詞が過去形なら did、be動詞の現在形なら am、be動詞の過去形なら was と相手のセンテンスに合わせて変化させましょう。否定文なら Neither do / did / am / was I. になります。

"I love watching baseball." "So do I." 「野球を見るのが大好きなんだ」「私もだよ」
"I don't want to try skydiving." "Neither do I."
「スカイダイビングはやってみたくないなぁ」「私も」
"I'm a big fan of Ichiro." "So am I." 「イチローの大ファンです」「私もです」
"I'm not very into sports." "Neither am I." 「スポーツにはそんなに興味がなくて」「私も」

Thanks a lot for taking me to the movie and treating me to a fancy dinner.
「映画に連れて行ってくれて、豪華なディナーまでごちそうしてくれて本当にありがとう」

Thanks (a lot) / Thank you (very much) for …ing で「…してくれて(本当に)ありがとう」という意味。
treat [人] to ～で「[人]に～をおごる(ごちそうする)」。treat myself to ～ なら「自分へのご褒美に～を買う(与える)」という意味になります。

178

Chap.4-08

I'll treat you to lunch next time. 「次は私がランチをおごるよ」
I worked so hard last month so I treated myself to a fancy dinner tonight.
「先月はすごく働いたので、今夜は自分へのご褒美に豪華ディナーを楽しんだ」

It was my pleasure.
「こちらこそ」

直訳すると「私の喜びでした」なので、「こちらこそ楽しかった（うれしかった）よ」というニュアンスです。何かをしてあげたその場ですぐお礼を言われたときの返事は、It's(It is) my pleasure. または My pleasure.
他にもお礼を言われたときの返答例をいくつか覚えておきましょう。

It's no big deal(no biggie). 「大したことないよ」
Don't mention it. 「とんでもない；お礼なんていいよ」
It's the least I can do. 「私にできるのはこれくらいです」

Can we do this again?
「また遊びに行けるかな？」

do this again は直訳すると「またこれをやる」。友達や恋人、仲間と遊んだ別れ際の定番フレーズ。Let's do this again.「またやろうね」、We should do this again.「またぜひやろう」ともよく言います。
他には、I hope there's a next time.「次もあるといいな」も感じの良いフレーズです。

I wish we could, but I'm returning to Japan soon.
「行けたらいいんだけど、もう日本に帰るの」

I wish I could, but ～「できたらいいんだけど、～」は本当に都合の悪いときはもちろん、体のいい断り文句としても使えますね。提案された日が無理で別の機会にしたいときは、続けて候補日を提案するか、Chap.4-04のフレーズ Can you give me a rain check? を使ってみましょう。

Chap.4 09 彼氏はいる？

🔴 57

アマンダと部屋でお茶しながらおしゃべり。
話題が恋バナに。

彼氏はいるの？
Do you have a boyfriend?

パターンA

いたんだけど、先月別れちゃった。

I used to, but we broke up last month.

あ、ゴメン。

Oh, I'm sorry.

パターンB

言うのが恥ずかしいんだけど、彼氏いない歴＝年齢なのよね。

It's kind of embarrassing to say this, but I've been single since birth.

何ですって!?
うそでしょ!

What!?
No way!

Chap.4-09

気にしないで。かなり前からもう心が離れていたんだよね。

Don't be. We had grown apart for quite a while.

ある人に5年間も片思いしていたの。

I've been in a one-sided relationship with someone for five years.

Words & Phrases

boyfriend
名 ボーイフレンド；彼氏
※「男友達」は male(guy) friend

used to …
よく…したものだ；昔は…していた

break up
別れる

grow apart
心が離れる；疎遠になる

quite a while
かなり長い間

kind of ～
ちょっと～；なんか～；～みたいな

embarrassing
形 恥ずかしい；うろたえさせる

since birth
生まれたときから

no way
決して～ない；絶対に嫌だ；ありえない

one-sided relationship
一方的な関係；片思い

Chap.4-09
彼氏はいる？

解　説

Do you have a boyfriend?
「彼氏はいるの？」

boyfriend「彼氏」、girlfriend「彼女」に対して、恋愛関係にない「男友達」「女友達」はそれぞれ male(guy) friend、female friend と言います。

I used to, but we broke up last month.
「いたんだけど、先月別れちゃった」

I used to … のあとに have a boyfriend が省略された形。break upは「別れる」という意味です。他にも恋愛関係にまつわる定番フレーズをご紹介します。

We've decided to give each other some space / take a break from each other.
「私たちは距離を置くことにした」
He dumped me. 「彼に捨てられた」
She broke up with / left me. 「彼女にフラれた」
※leave は一緒に住んでいた人に対して使います。
We got back together. 「私たちはよりを戻した」

We had grown apart for quite a while.
「かなり前からもう心が離れていたんだよね」

We broke up.「私たちは別れた」という過去の時点より以前に「ずっと心が離れていた」ので、過去形ではなく過去完了（had＋過去分詞）になります。過去のある時点より以前を表すときは過去完了と覚えておきましょう。

Susan and Mike <u>had been</u> seeing each other for four years before they <u>got</u> married.
「スーザンとマイクは結婚する前に4年間つき合っていた」
Everyone <u>had gone</u> by the time I <u>arrived</u>. 「私が着いたときにはみんないなくなっていた」

It's kind of embarrassing to say this, but I've been single since birth.
「言うのが恥ずかしいんだけど、彼氏いない歴＝年齢なのよね」

kind of(kinda) 〜 はあいまいな表現です。「ちょっと〜；なんか〜；〜みたいな」というニュアンスで、名詞・形容詞・動詞を修飾したり、文全体を受けたりします。sort of(sorta) 〜 と言うことも。

She's kind of(kinda) a geek. 「彼女はちょっとオタクっぽい」 ※名詞にかかる
I'm kind of(kinda) shy. 「私ってちょっとシャイなんですよね」 ※形容詞にかかる
I kind of(kinda) like you. 「あなたのこと好きかも」 ※動詞にかかる
"Did you get the job?" "Well, yeah, kind of."
「その仕事をゲットしたの？」「うーん、まあね、ある意味」 ※文全体を受けて

「彼氏いない歴＝年齢」は、日本語のニュアンスを活かして「生まれたときからシングル（ひとり身）」としましたが、I've never had a boyfriend.「彼氏がいたことがないの」や I've never been in a relationship.「つき合ったことがないの」でもOK。
It's (kind of) embarrassing to say this, but 〜「恥ずかしいんだけど、〜」のような前置きフレーズもいろいろ覚えおくと便利です。いくつかご紹介しましょう。

You know what?「あのね；ねえねえ」
Believe it or not, 〜「信じられないかもしれないけど、〜」
Just between us(you and me), 〜「ここだけの話、〜」
To be honest, 〜「正直言って、〜」
No offense, but 〜「気を悪くしないでね、〜」
I hate to say this, but 〜「言いにくい（言いたくない）んだけど、〜」
It's no big deal, but 〜「大したことじゃないんだけど〜」
It's none of my business, but 〜「余計なお世話かもしれないけど〜」
Anyway, 〜「とにかく；どのみち〜」
The truth is, 〜 / Actually, 〜「実は〜」
Come to think of it, 〜「考えてみると、〜；そう言えば、〜」
If you ask me, 〜「私に言わせれば、〜」
I mean, 〜「つまり〜」 By the way, 〜「ところで〜」

No way!
「うそでしょ!」

相手の話に驚いたときのフレーズは、That's impossible!「ありえない!」、You're kidding! / You've got to be kidding!「冗談でしょ!」もよく使います。

Chap.4 10 彼氏候補

アマンダがダンのことをすすめてきた。

**ダンはどう？
あなたのことを好きだと思うんだけど。**
How about Dan?
I think he likes you.

パターンA

それはありえない！
私なんて全然つりあわないよ。

No way!
He's way too good for me.

ねえ、あなたはかわいらしくて魅力的よ。もっと自分に自信を持ってよ。

Hey, you're cute and attractive. Have more confidence in yourself.

パターンB

見込みあると思う？

Do you think I have a chance with him?

え、あるに決まってるじゃない。
デートに誘ってみたら？

Well why wouldn't you?
Why don't you ask him out?

Chap.4-10

ありがとう、アマンダ。
でもちょっと現実的じゃないよ。

Thank you, Amanda.
But I don't think it's realistic.

ありがとう、アマンダ。
トライしてみようかな。

Thank you, Amanda.
I think I'll give it a try.

Words & Phrases

way too ~
あまりに~すぎる

attractive
形 感じがよい；魅力的な；人を引きつける

confidence
名 自信

realistic
形 現実的な

have a chance with ~
~とうまくいく；~に対して見込みがある

ask [人] out
[人]をデートに誘う

give ~ a try[shot]
~を試してみる；~をやってみる

Chap.4-10
彼氏候補

解　説

He's way too good for me.
「私なんて全然つりあわないよ」

この way は強調。too good for me だけでも「私には良すぎる；私にはもったいない」という意味です。You're too good for me.「あなたは私にはもったいないよ」にすると、文字通りの褒め言葉としてはもちろん、交際を断る際の社交辞令としても使えます。

Hey, you're cute and attractive.
Have more confidence in yourself.
「ねえ、あなたはかわいらしくて魅力的よ。もっと自分に自信を持ってよ」

自分に自信をなくしている人がいたら、こんな風に励ますことができますね。Have (more) faith in yourself.「(もっと) 自分を信じて」というフレーズもよく使われます。人を褒めるときの形容詞もいくつか覚えておきましょう。

＜外見を褒める形容詞＞
beautiful「美しい」　handsome / good-looking「イケメンな」
gorgeous「かなり美形の」　pretty「(顔立ちが) 可愛らしい」
adorable「愛くるしい」　slim「スリムな」　buff「マッチョな；筋肉隆々の」
sexy「セクシーな」
※「鼻が高い」「小顔」「色白」は、外国人にとっては褒め言葉にならないので注意

＜性格を褒める形容詞＞
kind / sweet「優しい」　thoughtful「思慮深い」
open-minded「心が広い；頭が柔らかい」　generous「寛大な；気前の良い」
easygoing / laid-back「おおらかな」　down-to-earth「堅実な」
smart / bright「聡明な」　talented「才能のある」
unique / one-of-a-kind「独特な；唯一の」
fun to be with「一緒にいて楽しい」
relaxing to be with「一緒にいて落ち着く」

Chap.4-10

Well why wouldn't you?
「え、あるに決まってるじゃない」

これはぜひ押さえておきたい回答例です。why wouldn't you の後に、相手の言った have a chance with him が省略されていて、直訳すると「なぜチャンスがないだなんてことがあるの?」という意味。would は仮定で「〜だろう」というニュアンスです。「なぜ〜なの?」→「〜わけないじゃない」という、反語的表現ですね。
いくつか例文をチェックしておきましょう。

Why would I care? 「なぜ私が(そんなことを)気にするの?(=まったく気にしてないし!)」
Why would I know that? 「なぜ私がそんなことを知っているの?(=知るかい、そんなこと)」
"So are you accepting his offer?" "Why wouldn't I?"
「じゃあ彼の申し出を受けるの?」「なぜいけないの?(=いいでしょ別に!)」

Why don't you ask him out?
「デートに誘ってみたら?」

Why don't you …? は「…してみたら?」という、相手に提案するフレーズです。Why don't we …? なら、「(一緒に)…しない?」というお誘いフレーズになります。ask [人] out は ask (尋ねて;頼んで) +out (出かける)、なので「デートに誘う;誘って出かける」。たいてい「デート」の意味ですが、より明確に ask [人] out on a date と言うこともあります。

I want to ask her out to dinner tonight. 「今夜彼女を夕飯に誘いたいな」
Are you asking me out on a date? 「デートに誘ってくれてるの?」

I think I'll give it a try.
トライしてみようかな。

give it a try[shot]=「やってみる」は定番イディオム。shot には「弾;(スポーツの)シュート、ショット」のほか、「試み;挑戦」という意味もあります。

187

59

Chap.4 11 アマンダの恋愛

アマンダの恋愛模様も聞いてみた。

**あなたは？
誰か好きな人はいるの？**

How about you?
Do you have a crush on someone?

パターンA

うん、彼氏がいて、5年付き合ってる。

Yeah, I have a boyfriend and we've been together for five years.

→

かなり長いね！
じゃあ結婚も考えているの？

That's quite long!
So are you thinking about getting married?

パターンB

まあ、ある意味ね。

Well, kind of.

→

ある意味？
どういう意味？

Kind of?
What do you mean?

Chap.4-11

どうかなぁ。まだ落ち着きたくないんだよね。今はキャリアを追求したいの。

I'm not sure. I don't want to settle down yet. I want to pursue my career for now.

えーとね、実は、今はとあるアニメキャラに恋してるの。忍者なんだ。

Well, actually, I'm in love with an anime character now. He's a ninja.

Words & Phrases

crush
名 ときめき；恋；片思いの相手

have a crush on ～
～に恋をしている

quite
副 かなり；なかなか

get married
結婚する ※be marriedは「結婚している」

settle down
落ち着く；身を固める

pursue
動 ～を追いかける；～を追求する

kind of
～みたいな；ちょっと～

be in love with ～
～に恋をしている

Chap.4-11
アマンダの恋愛

解説

Do you have a crush on someone?
「誰か好きな人はいるの?」

直訳すると「誰かに恋しているの?」。Are you in love with someone? とほぼ同じです。crush には「ときめき；恋」(=恋する気持ち)と「片思いの相手；夢中になっている人」(=恋の対象)両方の意味があります。

When did you have your first crush? 「初恋はいつだった?」
Who is your celebrity crush? 「夢中になっている有名人は誰?」
He's my crush, but maybe he doesn't even know me.
「彼が片思いの相手だけど、彼は私のことを知りさえしないかも」

I have a boyfriend and we've been together for five years.
「彼氏がいて、5年付き合ってる」

直訳すると、「5年間ずっと一緒にいる」。We've been seeing each other for five years.「私たちは5年つき合っています」という言い方でもOKです。see は進行形で「つき合っている」という意味になるときがあります。「会っている」なのか「つき合っている」なのかは文脈で判断しましょう。

Are you seeing someone? 「つき合っている人いる?」
※「たぶんいるだろうな」というニュアンスが含まれる
Are you seeing anyone? 「誰かつき合っている人はいるの?」
※答えが予測できないとき
My friend recommended Dr. Jones and I've been seeing him since 2000. 「友達がジョーンズ先生を勧めてくれて、2000年から受診しているよ」 ※医者と会う=診察を受ける

So are you thinking about getting married?
「じゃあ結婚も考えているの?」

get married (to ~) で「(~と)結婚する」という「動作」、be married (to ~) で「(~と)結婚している」という「状態」を表します。

190

Chap.4-11

I'm getting married this summer! 「この夏結婚するの!」
We've been married for 20 years. 「結婚20年目です」
I wish I could get married to a professional athlete.
「プロのスポーツ選手と結婚できたらなぁ」

I'm not sure.
「どうかなぁ」

あいまいに返事したいときのフレーズ。他にもはっきりできないときの返事としては、I don't know about that.「それはどうかな」、I doubt it.「それはどうかな」、Not really.「あんまり;そうでもないよ」など。

I don't want to settle down yet.
「まだ落ち着きたくないんだよね」

settle down は「身を固める;落ち着く」という意味で、家庭を持つことを指す場合もありますが、どこかに「定住する」というときにも使われます。I want to settle down somewhere in Tokyo for a while. なら「しばらく東京のどこかに落ち着きたい(定住したい)な」。

Well, kind of.
「まあ、ある意味ね」

Chap.4-09の解説でご紹介した、文全体を受けるパターン。このように言われたら、What do you mean?「どういう意味?」と突っ込んで聞きたくなりますね。

I'm in love with an anime character now.
「今はとあるアニメキャラに恋してるの」

I have a crush on an anime character now. でももちろんOK。

Chap.4　　**実践トレーニング**

01　ホームパーティー

1. ～かしら；～かな？　◎ 60

- ☐ あなたたちの会話に入れるかな。
- ☐ 彼は来るかな?
- ☐ これでうまくいくかな?
- ☐ どれくらいかかるんだろう。
- ☐ 彼は今どこにいるんだろう。
- ☐ 彼女は一体何を考えているんだろう。

2. ～のように聞こえる

- ☐ すごく楽しそう!
- ☐ それはひどいね。
- ☐ それはすごく楽しそう!
- ☐ 悲しそうな声だね。大丈夫?
- ☐ 私のお母さんみたいな口ぶりだね。
- ☐ 日本人みたいに聞こえるよ。

02　従兄紹介

1. ～なのが好きだ／嫌いだ　◎ 61

- ☐ ここの生活はどう?

1. I wonder if 〜 / wh名詞節.

☐ I wonder if I can join your conversations.

☐ I wonder if he's coming.

☐ I wonder if this is going to work.

☐ I wonder how long it's going to take.

☐ I wonder where he is.

☐ **I wonder what the hell she's thinking.**
※the hell「一体」と疑問詞を強調するのはくだけた言い方で、丁寧に言うなら on earth

2. sound+形容詞 / sound like+名詞

☐ **Sounds exciting!**

☐ **That sounds awful.**

☐ **That sounds like a lot of fun!**

☐ **You sound sad. Are you okay?**

☐ **You sound like my mom.**

☐ **You sound Japanese.**

1. I like it 〜. / I hate it 〜

☐ **How do you like it here?**

Chap.4　実践トレーニング

- ☐ ここの生活は本当に気に入っています。
- ☐ どしゃ降りのときは嫌いだ。
- ☐ そのやり方が好きだ。
- ☐ あなたが笑うのが好きだ。
- ☐ あなたと一緒にいるときが好きだ。

03　好きな海外ドラマ

1. 熱中していることについて語る　◎ 62

- ☐ テレビドラマにハマっています。
- ☐ その番組にハマってるの!
- ☐ 彼に夢中です。
- ☐ スイーツづくりに没頭しています。
- ☐ 速攻ハマった!
- ☐ 彼にハマりつつある。
- ☐ 仕事にのめり込みすぎないようにね。

2. 現在完了2<経験>

- ☐ 最近は何かテレビドラマを見た?
- ☐ それは見たことないな。
- ☐ 見たことはないけど、聞いたことはある。

194

- [ ] I really like it here.

- [ ] I hate it when it pours.

- [ ] I like it that way.

- [ ] I like it when you smile.

- [ ] I like it when we're together.

1. Talking about your passion

- [ ] I'm into TV series.

- [ ] I'm hooked on the show!

- [ ] I'm into him.

- [ ] I'm absorbed in making sweets.

- [ ] I got hooked straight away!

- [ ] I'm getting crazy about him.

- [ ] Don't get too obsessed with your work.

2. Present perfect 2

- [ ] Have you watched any shows lately?

- [ ] I've never seen it before.

- [ ] I've never seen it, but I've heard of it.

Chap.4	実践トレーニング

☐ 私も好き！　数え切れないほど見たよ。

☐ ハワイに行ったことはある?

☐ そこへは一度行ったことがあるよ。

☐ フィッシュ・アンド・チップスを食べたことはある?

3. 現在完了進行形

☐ 最近はNetflixでラストキングダムを一気に見ています。

☐ あなたのことをあちこち探していたんだよ。

☐ ずっと連絡を取ろうとしていたんだよ。

☐ 彼女からずっと携帯メールの返信がない。

☐ 最近睡眠不足だ。

☐ 彼とは付き合って5年になります。

☐ メアリーとマシューは1ヶ月も口をきいていない。

04　映画のお誘い

1. ～かなと思いまして　◎63

☐ 明日の夕方、一緒に映画でもどうかなと思うんだけど。

☐ 私の誕生日パーティーに来てもらえないかと思って。

☐ 車に乗せていただけないかと思いまして。

☐ これを返品させていただけませんでしょうか。

- [ ] I like it, too! I've seen it countless times.

- [ ] Have you ever been to Hawaii?

- [ ] I've been there once.

- [ ] Have you ever had fish and chips?

3. Present perfect progressive

- [ ] I've been binge-watching The Last Kingdom on Netflix lately.

- [ ] I've been looking all over for you.

- [ ] I've been trying to reach you.

- [ ] She hasn't been replying to my texts.

- [ ] I haven't been getting enough sleep lately.

- [ ] I've been seeing him for five years.

- [ ] Mary and Matthew haven't been talking for a month.

1. I was wondering if ~.

- [ ] I was wondering if you'd like to go to a movie with me tomorrow evening.

- [ ] I was wondering if you'd come to my birthday party.

- [ ] I was wondering if you could give me a ride.

- [ ] I was wondering if I could return this.

Chap.4　実践トレーニング

- ☐ アドバイスをもらえないかなと思っていたんだけど。

- ☐ 明日ってお暇かなぁと思って。

2. 〜なこと・ものはある?

- ☐ 何か見たい映画はある?

- ☐ 何か食べられない物はある?

- ☐ 日本で行ってみたい場所はある?

- ☐ 悩み事でもあるの?

- ☐ 何か言いたいことはある?

- ☐ 誰か招待したい人はいる?

05　映画デート

1. 現在完了3<完了>　◎64

- ☐ 見たい映画は決まった?

- ☐ その映画はもう見たの?

- ☐ まだ見てないといいんだけど。

- ☐ もう見たの?(早いね)

- ☐ 「朝ごはんはもう食べた?」「ううん、まだ」

- ☐ 今日の仕事は終わった。

- ☐ あいにく彼はもう退社しました。伝言を承りましょうか?

- [ ] I was wondering if you could give me some advice.

- [ ] I was wondering if you were free tomorrow.

2. Is there/Are there any/some 〜?

- [ ] Are there any movies you'd like to see?

- [ ] Is there anything you can't eat?

- [ ] Are there any places you'd like to go to in Japan?

- [ ] Is there something bothering you?

- [ ] Is there something you want to say?

- [ ] Is there someone you'd like to invite?

1. Present perfect 3

- [ ] Have you decided what movie you want to see?

- [ ] Have you seen the movie yet?

- [ ] I hope you haven't seen it yet.

- [ ] Have you already seen it?

- [ ] "Have you had breakfast yet?" "Not yet."

- [ ] I've finished work for the day.

- [ ] I'm afraid he's gone for the day. Shall I take a message?

Chap.4 | # 実践トレーニング

06 映画の感想

1. ガッカリさせる ◎ 65

- ☐ ガッカリさせてごめんなさい。

- ☐ 決して失望させません。

- ☐ あなたにはガッカリだよ。

- ☐ 私をガッカリさせないでね。

2. 過去の出来事に対する気持ち

- ☐ 気づいてあげればよかったね。

- ☐ 私はどうかしていたに違いない。

- ☐ 私でも同じことをしただろうと思うよ。

- ☐ 不幸中の幸いだ。

- ☐ もっと上手くやれたのになぁ。

- ☐ あなたなしではこんなことはできませんでした。

- ☐ 彼に何かあったのかもしれない。

07 ダンの日本語

1. 得意／苦手 ◎ 66

- ☐ 私の日本語はかなり下手だから!

- ☐ どうりで英語がお上手ですね。

- ☐ 私の夫は料理上手です。

1. let down

- [ ] I'm sorry to let you down.
- [ ] I won't let you down.
- [ ] You let me down.
- [ ] Don't let me down, okay?

2. Feelings for the past

- [ ] I should've been aware of that.
- [ ] I must've been out of my mind.
- [ ] I would've done the same thing.
- [ ] It could've been worse.
- [ ] I could've done better.
- [ ] I couldn't have done this without you.
- [ ] Something might've happened to him.

1. great / good / poor

- [ ] My Japanese is so poor!
- [ ] No wonder your English is so good.
- [ ] My husband is a good cook.

Chap.4　実践トレーニング

- ☐ 私の母は交渉の達人です。

- ☐ 私はスピーキングがダメなんです。

- ☐ あなたのライティングは素晴らしい。

- ☐ 彼女は人の扱いがとても上手い。

- ☐ 私は数字に強いです。

08　別れ際に

1. シンプルなあいづち ◎ 67

- ☐ 「今夜は本当に楽しかったよ」「私も」

- ☐ 「野球を見るのが大好きなんだ」「私もだよ」

- ☐ 「スカイダイビングはやってみたくないなぁ」「私も」

- ☐ 「イチローの大ファンです」「私もです」

- ☐ 「スポーツにはそんなに興味がなくて」「私も」

- ☐ 「そのニュースを聞いて本当に驚いたよ」「私も」

- ☐ 「その結果には満足できませんでした」「私もです」

2. 「ありがとう」への返答例

- ☐ こちらこそ。

- ☐ とんでもない。

- ☐ 大したことないよ。

- [ ] My mother is a great negotiator.

- [ ] I'm poor at speaking.

- [ ] You're great at writing.

- [ ] She's great with people.

- [ ] I'm good with numbers.

1. Simple replies

- [ ] "I had a really good time with you tonight." "So did I."

- [ ] "I love watching baseball." "So do I."

- [ ] "I don't want to try skydiving." "Neither do I."

- [ ] "I'm a big fan of Ichiro." "So am I."

- [ ] "I'm not very into sports." "Neither am I."

- [ ] "I was so surprised to hear the news." "So was I."

- [ ] "I wasn't happy with the results." "Neither was I."

2. Replies to "Thank you"

- [ ] (It's) my pleasure.

- [ ] Don't mention it.

- [ ] It's no big deal.

| Chap.4 | 実践トレーニング |

- ☐ これくらい何でもないよ。
- ☐ 私にできるのはこれくらいです。
- ☐ いつでも言ってね。
- ☐ こちらこそありがとう!

09 彼氏はいる?

1. 前置きフレーズ ◎ 68

- ☐ ちょっと言うのが恥ずかしいんだけど、〜
- ☐ あのね。
- ☐ ここだけの話、〜
- ☐ 気を悪くしないでね、〜
- ☐ 言いにくい(言いたくない)んだけど、〜
- ☐ 大したことじゃないんだけど、〜
- ☐ 余計なお世話かもしれないけど、〜
- ☐ 実は、〜
- ☐ 考えてみると、〜

10 彼氏候補

1. (あまりに)〜すぎる ◎ 69

- ☐ 私なんて全然彼とはつりあわないよ。
- ☐ あなたは私にはもったいないです。

☐ It's nothing.

☐ It's the least I can do.

☐ Anytime.

☐ Thank YOU!

1. introductory remarks

☐ It's kind of embarrassing to say this, but ～

☐ You know what?

☐ Just between us, ～

☐ No offense, but ～

☐ I hate to say this, but ～

☐ It's no big deal, but ～

☐ It's none of my business, but ～

☐ Actually, ～

☐ Come to think of it, ～

1. (way) too ～

☐ He's way too good for me.

☐ You're too good for me.

205

Chap.4　実践トレーニング

- ☐ そんなうまい話はないよ!
- ☐ 彼はこの会社にはもったいない人材だ。
- ☐ 彼は首相にしてはイケメンすぎる。

11　アマンダの恋愛

1. 恋愛にまつわるフレーズ ◎ 70

- ☐ 好きな人はいる?
- ☐ 夢中になっている有名人は誰?
- ☐ 彼氏がいて、5年つき合っています。
- ☐ 私たちは5年間つき合っています。
- ☐ 結婚を考えているの?
- ☐ まだ落ち着きたくない。
- ☐ 彼氏はいるの?
- ☐ つき合っている人はいる?
- ☐ 先月別れました。
- ☐ 彼氏(彼女)いない歴=年齢です。
- ☐ ずっと片思いしています。
- ☐ 私たちは距離を置くことにしたんだ。
- ☐ 結婚して20年です。

- [ ] That's too good to be true!

- [ ] He's too good for this company.

- [ ] He's way too handsome to be a prime minister.

1. Phrases to talk about love

- [ ] Do you have a crush on someone?

- [ ] Who is your celebrity crush?

- [ ] I have a boyfriend and we've been together for five years.

- [ ] We've been seeing each other for five years.

- [ ] Are you thinking about getting married?

- [ ] I don't want to settle down yet.

- [ ] Do you have a boyfriend?

- [ ] Are you seeing anyone?

- [ ] We broke up last month.

- [ ] I've been single since birth.

- [ ] I've been in a one-sided relationship.

- [ ] We've decided to give each other some space.

- [ ] We've been married for 20 years.

☕ Coffee Break

英語で恋バナができるようになる方法

　外大卒業後、私は教材制作会社に勤め、英語を日常的に使っていました。資格も英検準1級・TOEIC900点を持っていたので、英語には自信を持っていました。

　が、アメリカ人の同僚とのランチで恋愛話になると、何も言えない自分に愕然としたのです。「つき合う」「別れる」という単語さえ知りませんでした。映画や海外ドラマも字幕なしではほとんど理解できないし、海外旅行先でときどき観るミュージカルもチンプンカンプン。「ネイティブの本当の日常会話は、やはり海外に住まないと身につかないのか？」と落ち込みそうになりましたが、まずは映画を100本英語字幕で見て、セリフを分析してみることにしました（その成果は「映画のえいご」という学習ソフトになりました）。

　初めは知らないフレーズだらけで、2時間の映画を分析するのに4時間以上かかりましたが、次第に「またこのフレーズだ！」というおなじみフレーズが増えていき、字幕をオフにしても聞き取れるようになっていきました。映画や海外ドラマを大量に見て、知らない単語やフレーズをオンライン辞書などで調べる……という作業をくり返せば、ネイティブ英語にかなり近づくことができます。

　10代半ばまでアメリカで育ったバイリンガルの友人も、英語を忘れないために海外ドラマを見ているそうです。また、大人になってから来日したのに自然な日本語を話すアメリカ人数名に尋ねたところ、日本のアニメやトーク番組を見て「日常会話」を練習したと言います。今はネットでも動画が簡単に見られる時代。映画や海外ドラマをぜひ日常的に取り入れてみましょう。

CHAPTER 5

お別れ&つながり

Chap.5 01 アマンダとの別れ

🎵 71

いよいよ帰国の日がやってきた。ホストファーザー＆マザーにお礼を言った後、アマンダとも最後のあいさつ。

あなたがいてくれて本当に楽しかった。
すっごく寂しくなるわ！

I really enjoyed having you here.
I'll miss you so badly!

パターンA

私も寂しくなるよ。本当に優しくしてくれたよね。感謝しきれないよ。

I'll miss you, too.
You've been so nice to me.
I can't thank you enough.

→

いつでもここに戻ってきていいんだからね？

You can come back to us anytime you want, okay?

パターンB

私もよ。あまりに寂しくて日本に帰りたくないくらいだよ。

So will I. I'll miss you so much that I don't even want to go back to Japan.

→

じゃあいなよ！

Then stay!

Chap.5-01

ありがとう。またすぐみんなに会いたいな！

Thank you. I hope to see you all again soon!

そうできたらどんなにいいか！

How I wish I could do so!

Words & Phrases

miss
動 ～がいなくて寂しく思う；～が恋しい

badly
副 悪く；とても；大いに

come back to ～
～に戻ってくる；～に帰ってくる

anytime you want
いつでも望むときに

even
副 ～さえも

How I wish ～
～ならどんなにいいだろう

Chap.5-01
アマンダとの別れ

解説

I really enjoyed having you here.
「あなたがいてくれて本当に楽しかった」

enjoy の後は名詞か動名詞が続き、「〜を楽しむ」という意味になります。莉子の立場なら、I really enjoyed staying with you.「あなた(たち)のところに滞在できて本当に楽しかった」、I really enjoyed my stay here.「ここでの滞在は本当に楽しかった」など。

I'll miss you so badly!
「すっごく寂しくなるわ!」

miss 〜 は「〜がいなくて寂しい」という意味があり、お別れのときの定番フレーズ。badly には文字通りの「悪く」だけでなく、「とても;ものすごく」という意味も。

I want it so badly! 「のどから手が出るほど欲しい!」
I want to see you badly. 「あなたに会いたくてたまらない」

You've been so nice to me.
「本当に優しくしてくれたよね」

be nice(good) to me 〜 は「〜に優しくする」。滞在初日から今までずっと優しくしてくれたので、現在完了＜継続＞にしています。You've been a great help. なら、「すごく助けになってくれた」→「本当に助かりました」となります。

I can't thank you enough.
「感謝しきれないよ」

深い感謝の気持ちを伝える定番の言い方。他にもいくつか覚えておきましょう。

Thank you from the bottom of my heart. 「心からありがとう」
I can't express how grateful I am. 「どんなに感謝しているか伝えきれません」
I'll never forget what you've done for me. 「あなたが私のためにしてくれたこと、決して忘れません」 ※done to me「あなたが私にしたこと」だと恨み節になるので注意!

You can come back to us anytime you want, okay?
「いつでもここに戻ってきていいんだからね?」

anytime は「いつでも」、anytime you want で「いつでも望む(来たい)ときに」。もっと距離の近い所に住んでいる相手になら、Feel free to drop by anytime!「いつでも気軽に立ち寄ってね!」など。

So will I.
「私もよ」

Chap.4-08に出てきた So did I.「私も」と同じ形のあいづちフレーズ。ここでは相手のI'll(I will) miss you so badly! に対する返事なので、助動詞 will をそのまま使いましょう。
I won't forget you.「あなたのこと忘れないよ」という否定文に対する返事なら、Neither will I.「私も」。

I'll miss you so much that I don't even want to go back to Japan.
「あまりに寂しくて日本に帰りたくないくらいだよ」

so 〜 that … で「あまりに〜なので…だ」。that は省略してもOKです。even は「〜さえも」という意味で、文意を強調したいときに使います。

I got so wasted(drunk) last night (that) I don't even remember how I got home.
「昨夜はあまりに酔っぱらいすぎて、どうやって帰ってきたのかさえ覚えていないよ」

How I wish I could do so!
「そうできたらどんなにいいか!」

I wish I could … だけでも「…できたらいいのに」という意味ですが、How がつくことによってより強調されます。

Chap.5 ダンとの別れ

02

なんと、ダンも空港まで見送りに来てくれた。

莉子、もっと君のことを知りたいな。
連絡取り合える?

Riko, I want to get to know you better.
Can we stay in touch?

パターンA

喜んで!
LINEやってる?

I'd love to!
Are you on LINE?

いや、でもFacebookとInstagramならやってるよ。

No, but I'm on Facebook and Instagram.

パターンB

もちろんだよ!
これが私のメールアドレス。

Of course!
Here's my email address.

ありがとう!
すぐメールする。
気をつけて帰ってね。

Thanks! I'll email you soon.
Have a safe trip back home.

Chap.5-02

わかった、じゃあ友達リクエストを送るね。
アカウント名は何？

OK, I'll send you a friend request.
What's your account name?

ありがとう。あなたもお元気で。バイバイ！

Thanks. You take care, too.
Bye!

Words & Phrases

get to know ～ better
～のことをもっとよく知る

stay(keep) in touch
連絡を取り合う；欠かさず連絡を取る

friend request
友達リクエスト；友達申請
※FacebookなどのSNSで

have a safe trip
安全な旅をする；いってらっしゃい

take care
気をつけて；お大事に；元気でね

Chap.5-02
ダンとの別れ

解説

Can we stay in touch?
「連絡取り合える?」

stay の代わりに keep でもOK。どちらも「〜の状態を保つ」という意味なので、stay(keep) in touchで「連絡を取り続ける」という意味になります。

Are you on LINE?
「LINEやってる?」
No, but I'm on Facebook and Instagram.
「いや、でもFacebookとInstagramならやってるよ」

「SNSをやっている」は、シンプルに on 〜 だけで言うのが一般的。Do you have Facebook (account)?「Facebook(のアカウント)は持っている?」と言うこともあります。アメリカでは、LINEは日本ほどメジャーではありません。

I'll send you a friend request.
「友達リクエストを送るね」

friend には「(SNSで)〜と友達になる；〜を友達登録する；〜の友達リクエストを承認する」という意味の動詞もあります。否定を表す接頭辞 un- をつけた unfriend は「(SNSの)友達リストから〜を削除する」という意味。比較的新しい単語ですが、SNSを使っている人はぜひ覚えておきましょう。
ほか、like 〜「〜をいいねする」、favorite / fav 〜「〜をお気に入り登録する」、follow〜「〜をフォローする」も覚えておくと便利。

Will you friend me? 「私を友達登録してくれる?」
Thanks for friending me. 「友達登録してくれてありがとう」
I can't believe he unfriended me! 「彼に友達解除されたなんて信じられない!」
Thank you for liking my post. 「私の投稿にいいね!してくれてありがとう」
I favorited(faved) your last tweet. 「あなたの最新のツイートをお気に入り登録したよ」
Thank you for following me / following me back.
「フォローしてくれてありがとう/フォローを返してくれてありがとう」

Chap.5-02

I'll email you soon.
「すぐメールする」

パソコンメールは email、携帯やスマホのメールは text と言います。それぞれ「メール」という名詞と「〜にメールする」という動詞があります。

I'll text you later.　「あとで携帯メールするね」　※動詞
Thanks for your email / text!　「メール／携帯メールありがとう！」　※名詞

Have a safe trip back home.
「気をつけて帰ってね」

Have a safe trip. は「安全な旅を；気をつけていってらっしゃい」という意味の定番フレーズ。back (home) をつけると「気をつけて帰ってね」という意味になります。Take care on your way back (home).「帰り道気をつけてね」という言い方でもOK。

You take care, too.
「あなたもお元気で」

Take care. は「気をつけてね；お大事に；元気でね」という意味で、別れの際のあいさつやメールの結びに使えます。「体に気をつける」という意味を強調したい場合は、Take care of yourself.「お体大切にね」、または Please take good care of yourself.「ご自愛ください」など。
ほか、Be careful not to catch a cold.「風邪を引かないよう気をつけて」、Look after yourself!「元気でね！；体を大切にね！」などもよく使われているフレーズです。
take care of 〜 は「〜を処理する；〜を引き受ける」という意味でもよく使われるので覚えておきましょう。

Take care and don't catch a cold.　「体に気をつけて、風邪を引かないようにね」
I'll take care of this.　「これは私がやるよ」

217

Chap.5 近況報告 03

帰国後、メッセンジャーでアマンダとやりとり。

最近どう？
How's it going?

パターンA

絶好調よ！ 新しい会社で働き始めたばかりだけど、楽しいよ。そっちは？

Couldn't be better! I just started working for the new company and I found it exciting. You?

→

まあまあよ。週1回料理教室に通い始めたの。

Not too bad. I started taking cooking classes once a week.

パターンB

イマイチ。就職活動を始めたところなんだけど、今のところあまりうまくいってなくて。そっちは？

Not so good. I just started job hunting but it's not going great so far. You?

→

こっちは相変わらずよ。就活がんばって。あなたなら大丈夫よ！

Everything's the same as always here.
Good luck with your job hunting. I know you'll do fine!

Chap.5-03

いいね！
料理の写真を送って。

Great!
Send me some photos of your dishes.

ありがとう。
ご両親は元気？
よろしく伝えてね。

Thanks. How are your parents? Please say hi to them for me.

Words & Phrases

How's it going?
調子はどう?；元気?

couldn't be better
最高だよ(これ以上良くはなりえない)

work for ～
～で働く；～に勤めている；～のもとで働いている

find it ～
～だと思う；～だと感じる

not too bad
そんなに悪くない；まあまあ良い

not so good
あまり良くない

job hunting
就職活動

the same as always
いつもと同じ；いつもどおり

good luck with ～
～の幸運を祈る；～がうまくいきますように

say hi(hello) to ～ (for me)
(私の代わりに)～によろしく伝える

Chap.5-03
近況報告

解説

How's it going?
最近どう？

How are you?「お元気ですか？」よりもカジュアルな言い方。ほか、「最近どう?；調子はどう？」というフレーズは、How's everything? What's new? What's up? などがあります。Hi! に近い、単なる挨拶のような感覚で使われているので、How's it going? / What's up? と聞かれても特に答えず、Hi! / Hey! で済ませたり、How's it going? / What's up? とそのままオウム返ししたりすることも。

Couldn't be better!
「絶好調よ！」

この could は「ひょっとしたら～がありうる；～の可能性がある」という意味。can も「…できる」のほか、「…の可能性がある」という意味もありますが、could の方が可能性は下がり、やや遠まわしな言い方になります。そのため、Could you …?「（ひょっとして）…していただけますか？」と、丁寧に依頼したいときにぴったり。(It) couldn't be better! は、「これ以上良くなることはないだろう」。つまり今の状態が「最高だ！」という意味。定番フレーズなのでこのまま覚えておきましょう。
反対に、(It) couldn't be worse. なら「これ以上悪くなることはないだろう」、つまり「最悪だ」。(It) could be better. なら「もっと良くなりうる」なので、「最高ではない；イマイチだよ；あまり良くないね」、(It) could be worse. なら「もっと悪くなりうる」なので、「最悪ではない；悪くないよ；まあまあだ」という意味になります。

Not too bad.
「まあまあよ」

「悪すぎない」＝「まあまあ」という意味のフレーズ。ほか、「最近どう？」と聞かれたときの返答例は、たくさん覚えておくと便利です。

Good. / Great. 「いいよ／すごくいいよ」
Not so good. 「あまり良くないよ；イマイチ」　　Not bad. 「悪くないよ」
I can't complain. 「文句は言えないね；そこそこ順調だよ」
Nothing much. 「いつも通りだよ；まあまあだよ」
Nothing special. 「特に変わったことはないよ」

I just started working for the new company and I found it exciting.
「新しい会社で働き始めたばかりだけど、楽しいよ」

I just started job hunting but it's not going great so far.
「就職活動を始めたところなんだけど、今のところあまりうまくいってなくて」

"just＋過去形"で「…したところ；今（さっき）…した」。I just got here. なら「今着いたところ」という意味になります。
find A ～ は「Aが～だと思う」という定番の言い方です。

I find this book very interesting. 「この本はすごく面白いと思う」
I found the movie disgusting. 「その映画は不快だと思った（ムカついた）」

Good luck with your job hunting.
「就活がんばって」

日本語で言う気軽な「がんばれ」に当たるフレーズは英語にはなく、Good luck (with ～)!「(～の)幸運を祈ってるよ!」がニュアンスとしては近いです。すでにがんばっている人に Do your best!「ベストを尽くせ!」はそぐわないので要注意。相手ががんばっていることはもう知っているので、「あとは祈って応援するね」という気持ちを伝えて応援します。I wish you the best of luck! や、I'm keeping my fingers crossed for you.「幸運を祈ってるよ」という言い方も。
逆に「祈ってて」と言いたい場合は、Wish me luck. や Keep your fingers crossed.

I know you'll do fine!
「あなたなら大丈夫よ」

直訳すると「あなたがうまくやれると知っているよ」。ほか、I believe in you!「(あなたならできると)信じてるよ!」、I hope it goes well.「うまく行きますように」など。

Chap.5 04 夏休みの予定

メッセンジャーでダンとやりとり。

夏休みに、日本にいる友達を尋ねようと思ってるんだ。
I'm thinking of visiting my friend in Japan during the summer holidays.

パターンA

いいね！
いつ来るの？

**That's great!
When are you coming?**

まだ決めてないけど、8月のどこかになりそう。

I haven't decided yet, but it'll be sometime in August.

パターンB

素敵！ 彼（彼女）は日本のどこに住んでいるの？

Wonderful! Which part of Japan does s/he live in?

彼は京都に住んでるんだ。君の住んでるところに近い？

He lives in Kyoto. Is it close to where you live?

Chap.5-04

スケジュールが決まったら教えてね!

Let me know when the schedule has been fixed!

近いかって? まさにそこに住んでるよ(笑)。

Close? That's exactly where I live lol

 Words & Phrases

think of …ing
…しようかなと考える

during
前 〜の間に;〜の間中

summer holidays
夏季休暇;夏休み

sometime
副 いつか;あるとき

fix
動 固まる;〜を決める;〜を確定する

Which part of 〜?
〜のどこが?

close to 〜
〜に近い

exactly
副 完全に;まさしく

Chap.5-04
夏休みの予定

解　説

I'm thinking of visiting my friend in Japan during the summer holidays.
「夏休みに、日本にいる友達を尋ねようと思ってるんだ」

I'm thinking of …ing で「…しようかなと思っている」。便利なフレーズなのでぜひ覚えておきましょう。of の代わりに about でもOK。ニュアンスの違いは、think of ～ は単に「～のことを考える」という意味になる一方で、think about ～ は「～についてじっくり考える；～について検討する」となります。

I'm thinking of(about) changing jobs. 「転職しようかと思ってるんだ」
I'm thinking of(about) buying an apartment. 「マンションを買おうと思ってるの」

I haven't decided yet, but it'll be sometime in August.
「まだ決めてないけど、8月のどこかになりそう」

I haven't(have not) decidedは、現在完了＜完了＞の文。I've(I have) decided to … なら「…する決心をした；…することにした」という意味になります。

Have you decided where to go this summer? 「この夏はどこへ行くか決めた？」
I've decided to spend less time on social media. 「SNSに費やす時間を減らすことにした」

Let me know when the schedule has been fixed!
「スケジュールが決まったら教えてね!」

when 以下の the schedule has been fixed が現在完了の文になっている点に注意。「～したら」という時や条件を表す副詞節の場合、未来のことでも動詞は現在形や現在完了形で表します。when the schedule will be fixed にすると「いつスケジュールが決まるか」という名詞節になります。

Tell me when he comes. 「彼が来たら教えて」
Tell me when he will come. 「彼がいつ来るのか教えて」

Chap.5-04

Which part of Japan does s/he live in?
「彼(彼女)は日本のどこに住んでいるの?」

s/he は she/he の略で、「彼女または彼は(が)」という意味。話題にしている人物の性別が分からないときに、このように使うことができます。

Is it close to where you live?
「君の住んでるところに近い?」

"疑問詞＋S＋V"の語順で名詞節を作ります。"where＋S＋V"なら「どこに…なのか；…の場所」という意味。

That's exactly where I live lol
「まさにそこに住んでるよ(笑)」

That's[This is] exactly 〜は「それ[これ]こそまさに〜」という意味です。

EXAMPLE
That's exactly what I thought. 「まさに私もそう思ってた」
This is exactly what I wanted! 「まさにこれがほしかったの!」

lol は laughing out loud「声を出して笑っている」の略で、「大笑い；(笑)」という意味。ほか、ネットでよく使われている略語をいくつかご紹介します。
TY / THX = Thank you / Thanks.「ありがとう」
YW = You're welcome.「どういたしまして」
IMO = In my opinion「私の考えでは」
IMHO = In my humble opinion「私のつたない意見ですが；あくまで私の考えですが」
OMG = Oh my God「なんてこと!」
J/K, JK = Just kidding.「冗談だよ」
IKR = I know right?「でしょでしょ?」
WTF = What the fuck「何じゃそりゃ!;マジかよ」
※fuck はよく使われるので知っておいた方がいいですが、自分では使わない方が無難
w/ = with   w/o = without   @ = at   xoxo = hugs and kisses「愛を込めて」

225

Chap.5 05 京都観光の計画

京都デート（？）の日程が決まり、次は行き先を決めることに。

京都のどこがおすすめ？

Which places do you recommend in Kyoto?

パターンA

私のお気に入りは清水寺。舞台から京都を一望できるの。

My favorite place is Kiyomizu-dera Temple. You can get a full view of Kyoto from its veranda.

いいね！ぜひ行きたいな。

Cool! I'd love to visit it.

パターンB

伏見稲荷大社はどう？何百もの朱色の鳥居がとても幻想的なの。

How about Fushimi Inari-taisha Shrine? Hundreds of vermilion torii gates are so mystical.

それ、映画か何かで見たことがある気がする。実際に見てみたいな！

I think I've seen them in a movie or something. I want to see them in person!

寺に続く古い道も趣があって素敵なの。
きっと気に入ると思う!

The old streets to the temple are also nice and tasteful. You'll love them!

じゃあ決まりね。
あと、夜は大文字焼きも見せたいな。

That settles it. And I want to show you Daimonji, giant bonfires at night.

Words & Phrases

temple
名 寺院

get a full view of ～
～を一望する

veranda
名 建物の1階部分が張り出した縁側

tasteful
形 趣のある；趣味のいい

hundreds of ～
何百もの～

vermilion
形 朱色の

mystical
形 神秘的な

in person
（テレビや写真ではなく）じかに；生で

that settles it
それで決まりだ

giant
形 巨大な

bonfire
名 大かがり火；たき火

Chap.5-05
京都観光の計画

解説

Which places do you recommend in Kyoto?
「京都のどこがおすすめ？」

which places「どの場所」をさまざまな単語に置き換えて使える便利なフレーズ。

Which café do you recommend in Kyoto? 「京都ではどこのカフェがおすすめ？」
What activities do you recommend in LA? 「ロスでおすすめのアクティビティは何？」

My favorite place is Kiyomizu-dera Temple.
「私のお気に入りは清水寺」

お気に入りの場所が複数ある場合は、My favorite places are ～ になります。favorite は「大好きな；お気に入りの」という意味で、「一番好き」というニュアンスが含まれるので、最上級にはなりません。× most favorite
ただし、least favorite「一番嫌な；嫌いな」という言い方はOKです

What's your least favorite house chore? 「一番嫌いな家事は何？」

How about Fushimi Inari-taisha Shrine?
「伏見稲荷大社はどう？」

Fushimi Inari-taisha Shrine の他に、Kiyomizu-dera Temple「清水寺」、Meiji Jingu Shrine「明治神宮」、Kinkakuji Temple「金閣寺」など、「寺」「神社」の単語が重複しますが、あまり日本語がくわしくない人のために Temple / Shrine をあえてつける場合が多いです。

You can get a full view of Kyoto from its veranda.
「舞台から京都を一望できるの」

英語の veranda は家や建物の1階部分が突き出した部分のこと。2階より上の壁から突き出た部分を指す、日本語で言う「ベランダ」は balcony「バルコニー」。

The old streets to the temple are also nice and tasteful.
「寺に続く古い道も趣があって素敵なの」

街並みを褒めるときに使えそうな形容詞を他にもいくつか覚えておきましょう。
＜街並みを褒める形容詞例＞
historical「歴史的な」　magnificent「壮大な；雄大な」
picturesque「絵のように美しい」　quiet「静かな」　rustic「ひなびた」
idyllic「牧歌的な；素朴な」　colorful「色彩豊かな」　lively「活気ある」
enchanting「魅力的な；うっとりするような」

Hundreds of vermilion torii gates are so mystical.
「何百もの朱色の鳥居がとても幻想的なの」

先ほどの「○○ji Temple」のように、torii「鳥居」だけではピンとこない人が多いので、あえて gate「門」という単語をつけることがあります。

I think I've seen them in a movie or something.
「それ、映画か何かで見たことがある気がする」

～ or something は「～か何か；～とか」。否定文や疑問文では or anything。

Maybe you should get a massage or something.
「マッサージか何かしてもらった方がいいかも」
I don't want to put pressure on you or anything.
「あなたにプレッシャーとか与えたくはないの」

I want to see them in person!
「実際に見てみたいな!」

「実際に見る」は see ～ in real life / with my own eyes / for myself という言い方もあります。

Chap.5 実践トレーニング

01 アマンダとの別れ

1. 感謝を表すフレーズ ◎ 76

☐ 感謝しきれないよ。

☐ 心からありがとう。

☐ どんなに感謝しているか伝えきれません。

☐ あなたが私のためにしてくれたこと、決して忘れません。

☐ 本当に優しくしてくれたよね。

☐ 本当に助かりました。

02 ダンとの別れ

1. SNSにまつわるフレーズ ◎ 77

☐ LINEやってる?

☐ いや、でもFacebookとInstagramならやってるよ。

☐ 友達リクエストを送るね。

☐ 友達登録してくれてありがとう。

☐ 私の投稿にいいね!してくれてありがとう。

C3 近況報告

1. 近況報告 ◎ 78

☐ 最近どう?

☐ 絶好調だよ!

1. Phrases to express gratitude

- ☐ I can't thank you enough.

- ☐ Thank you from the bottom of my heart.

- ☐ I can't express how grateful I am.

- ☐ I'll never forget what you've done for me.

- ☐ You've been so nice to me.

- ☐ You've been a great help.

1. Phrases to talk about social media

- ☐ Are you on LINE?

- ☐ No, but I'm on Facebook and Instagram.

- ☐ I'll send you a friend request.

- ☐ Thanks for friending me.

- ☐ Thank you for liking my post.

1. Catching up

- ☐ How's it going?

- ☐ Couldn't be better!

| Chap.5 | 実践トレーニング

- ☐ まあまあよ。

- ☐ あまり良くないよ。

- ☐ そこそこ順調だよ。

- ☐ いつも通りだよ。

- ☐ 特に変わったことはないよ。

2. はげましフレーズ

- ☐ 就活がんばって。

- ☐ 幸運を祈ってるよ。

- ☐ あなたのために祈っているよ。

- ☐ あなたなら大丈夫よ!

- ☐ できると信じてるよ!

- ☐ うまく行きますように。

04　夏休みの予定

1. 時と条件を表す副詞節　◎ 79

- ☐ スケジュールが決まったら教えて。

- ☐ 彼が来たら教えて。

- ☐ もし明日晴れたら、海に泳ぎに行こう。

- ☐ もし明日雪が降ったら、私は出かけない。

- ☐ Not too bad.

- ☐ Not so good.

- ☐ I can't complain.

- ☐ Nothing much.

- ☐ Nothing special.

2. Encouragement

- ☐ Good luck with your job hunting.

- ☐ I wish you the best of luck.

- ☐ I'm keeping my fingers crossed for you.

- ☐ I know you'll do fine!

- ☐ I believe in you!

- ☐ I hope it goes well.

1. Time and condition clauses

- ☐ Let me know when the schedule has been fixed.

- ☐ Tell me when he comes.

- ☐ Let's go swimming in the sea if it's sunny tomorrow.

- ☐ I won't go out if it snows tomorrow.

Chap.5 実践トレーニング

- ☐ あなたが行くなら私も行く。

- ☐ この仕事が終わったら飲みに行こう。

- ☐ 仕事が終わり次第、合流するよ。

05 京都観光の計画

1. 大好きな；お気に入りの〜 ◎ 80

- ☐ 私のお気に入りの場所は清水寺。

- ☐ 好きな選手は誰？

- ☐ 好きな音楽のジャンルは何？

- ☐ 一番嫌いな家事は何？

- ☐ 一番嫌いな家事は浴室とキッチンの掃除。

2. 場所を描写する

- ☐ 寺に続く古い道も趣があって素敵。

- ☐ 何百もの朱色の鳥居がとても幻想的。

- ☐ この牧歌的な風景、好きだなぁ。

- ☐ この通りはカラフルで活気があるね。

- ☐ ひなびた、静かな町だ。

- ☐ ここは都会の喧騒から離れた、安らげる場所だ。

- ☐ 隠れ家的なレストランだ。

- [ ] If you go, I'll go too.

- [ ] Let's go for a drink after we finish this work.

- [ ] I'll join you as soon as I finish the work.

1. favorite ～

- [ ] My favorite place is Kiyomizu-dera Temple.

- [ ] Who's your favorite player?

- [ ] What's your favorite genre of music?

- [ ] What's your least favorite house chore?

- [ ] My least favorite chore is cleaning the bathroom and the kitchen.

2. Describing a place

- [ ] The old streets to the temple are also nice and tasteful.

- [ ] Hundreds of vermilion torii gates are so mystical.

- [ ] I love this idyllic scenery.

- [ ] This street is colorful and lively, isn't it?

- [ ] This town is rustic and quiet.

- [ ] This place is a sanctuary away from the hustle and bustle of the city.

- [ ] It's like a hideaway restaurant.

☕ Coffee Break

ちょっと特殊？　ネットの英語

●●

　ネットスラングの中には、ときどき私のアメリカ人の友人や海外育ちのバイリンガルの友人でさえ、「知らなかった！」と言うものがあります。日本のネット用語にも、「草が生える」「kwsk」などなど、普段ネットをあまり使わない人には理解できないものもありますよね。もちろん、あまりにマニアックなネットスラングを覚える必要はありませんが、SNSや動画のコメント欄なども、生の英語を学べる貴重な場。よく使われる略語やハッシュタグくらいは、知っておいて損はないでしょう。

　また、ネットに投稿された個人的な意見や感想、それに対する同意や反論の中には、「そうか、そう言えばいいのか！」と参考になるフレーズがたくさんあります。たとえば、私が海外アーティストのYouTube動画のコメント欄で学んだ表現をいくつかご紹介しましょう。

★〜だと思うのは私だけ？；なんか〜じゃない？

Is it just me, or 〜?　※疑問文が続く

★上記に対する返答例

I agree.（同感）　Yes, it's just you!（うん、あなただけだよ！）

★冷静に反論するときの前置き

You're entitled to your opinion, but 〜

（あなたがどんな意見を持とうと自由だけど、〜）

★コメント欄でよく見る略語

IKR ＝ I know, right?（でしょでしょ？）

　いかがでしょうか？　つい時間を浪費してしまいがちなネットサーフィンも、自分の興味あるコンテンツを英語で追いかければ、英会話力もアップして一石二鳥です。

おわりに

　私の周りには、海外に住んで英語が流暢になった人もいれば、あまり上達しなかったという人もいます。また、帰国してからまったく英語を使わないでいると、あっという間に忘れてしまいます。一方、海外経験がほとんどなくても、国内での独学で高度な議論までできるようになった人や、同時通訳者として活躍している人もいます。

　どんな環境でも、やはり「ラクして英語が話せるようになる」ことはありません。英語が話せるようになるために、海外経験はあるに越したことはないけれど、「マスト」ではないのです。むしろ、日本国内でもできることはたくさんあります。「SNSでは英語で発信する」「英語で日記をつける」「英語のドラマや番組を見る」「洋書を読む」「英語のニュースを見る」など、日常生活の中にいかに多くの英語を取り入れることができるか、そしてそれを継続できるか、がカギです。

　海外旅行であれ留学であれ、海外経験は「本番」で、日々の独学が「練習」です。スポーツでも音楽でも、「本番」で最高のパフォーマンスをするには、日々の地道な練習が欠かせませんよね。英語もぜひ、できる限り日常生活に取り入れてみましょう。毎日「これは英語で何て言うんだろう?」と考えて調べるだけでも、着実に英語力がアップします。

　私は Twitter では英語で発信することを日課にしていますので、本書へのご感想やご質問、「私ならこう言う!」というアイディアがあれば、ぜひ @romyscafe 宛てか、ハッシュタグ「# シミュ英語」をつけてつぶやいてみてくださいね。
Let's have fun with English every day ♪

著者

おしらせ

　本書では、ホームステイや語学研修、ショッピングなどの疑似体験を通して、たくさんのフレーズと会話パターンを紹介しました。

「海外旅行に行ってこのフレーズを使ってみたい!!」
「今度の長期休みを利用して、留学してみたい!」

と思われた方もいらっしゃるのではないでしょうか?

　本書で紹介したようなフレーズがぱっと出てくるようになるには、インプットしたことをどんどんアウトプットして、反復練習することが大切。

「でも、私の周りには英語で会話できるネイティブの人なんていないしなぁ…」

なんて思っていませんか?

　確かに日本では、英会話教室でも利用しない限り、外国人の方と英会話をする機会はなかなかないかもしれません。

　ですが、SNSを利用すれば、もっと気軽にアウトプットを始めることができるんです!　特に、本書の知識をアウトプットするなら、Twitter がおすすめ!

　自分に置き換えて考えてみてください。「嫌いな食べ物は?」「好きな映画は?」と聞かれたら、同じシチュエーションでもきっ

と莉子やアマンダとは違う内容の台詞になるはず!!

　Twitter では、文法や構文を気にしすぎたり、間違えることを恐れたりせずに、自分なりの台詞を英語でつぶやいてみてください。その時に本書で学んだ知識を取り入れることができると、より GOOD!!

　つぶやく時には、ハッシュタグ「＃シミュ英語」をつけて、どんどん自分なりの台詞を考えて発信してくださいね！

　ハッシュタグをつけてつぶやいていただいた台詞の中から、読者の皆さんとシェアできそうなものは、書籍の特設ページでも取り上げていきます！

　また、特設ページでは、有子山先生のコラムをアップしていきます。本書には収録できなかったフレーズや、本書を使った英語の効果的な学習法など、タメになる内容満載でお届けします。書籍の内容とあわせてチェックすると、学習効果が2倍、3倍になるはず。ぜひ特設ページにアクセスしてみてくださいね!!

● 書籍の特設ページ
https://deltaplus.jp/publishing/1901simulation-e/

　せっかく吸収した使えるフレーズと知識です。たくさんアウトプットして、自分のものにしていきましょう!!

有子山 博美
うじやま ひろみ

英語学習コンテンツ制作、ときどきイラストレーター。
神戸市外国語大学英米学科を卒業後、学習ソフト制作会社にて数々の社会人向け
英会話ソフトを企画制作。
留学経験なしで英検 1 級、TOEIC990 点（満点）を達成するとともに、映画や海外ド
ラマを使った「DVD 学習」で英語運用力を磨く。
現在は英語学習情報サイト「Romy's English Cafe」を中心に、メルマガ、Twitter、
書籍を通じて英語学習関連の情報を提供している。
著書に『英語で手帳をつけてみました』（IBC パブリッシング）、『何でも英語で言っ
てみる! 旅するシンプル英語フレーズ』（高橋書店）などがある。
趣味は海外旅行と食べ歩き。

使えるフレーズがどんどん頭に入る! シミュレーション英会話
2019 年 1 月 15 日　初版　第 1 刷発行

著　者	有子山 博美
発行者	湯川 彰浩
発行所	株式会社デルタプラス
	〒 107-0052
	東京都港区赤坂 1-4-14　ダイヤモンドビル赤坂 5 階
	TEL　0120-112-179
	FAX　03-4285-6848
	https://deltaplus.jp/
印刷所	モリモト印刷株式会社

ISBN 978-4-909865-00-7
©Hiromi Ujiyama, DELTA PLUS 2019
Printed in Japan

本書の無断複写・転載は著作権法上での例外を除き禁じられています。